Chinese
for
Everyone
基础汉语

BASIC CHINESE FOR EVERYONE
基础汉语

ANG LAY HOON
OOI BEE LEE

Pelanduk
Publications
www.pelanduk.com

Published by
Pelanduk Publications (M) Sdn Bhd
(Co. No. 113307-W)
12 Jalan SS13/3E
Subang Jaya Industrial Estate
47500 Subang Jaya
Selangor Darul Ehsan, Malaysia.

Address all correspondence to
Pelanduk Publications (M) Sdn Bhd
P.O. Box 8265, 46785 Kelana Jaya
Selangor Darul Ehsan, Malaysia.

Visit our website at *www.pelanduk.com*
e-mail: *mypp@tm.net.my*

Copyright • 2002 Pelanduk Publications (M) Sdn Bhd
All rights reserved. No part of this book may be reproduced in any form
or by any means without prior permission from the copyright holder.

1st printing 2002
2nd printing 2003

Perpustakaan Negara Malaysia   Cataloguing-in-Publication Data

Ang, Lay Hoon
   [Ji chu han yu]
   基础汉语 Basic Chinese for Everyone/Ang Lay Hoon, Ooi Bee Lee
   ISBN 967-978-831-8
   1. Chinese language — Phonetics. 2 Chinese language—
   Conversation and phrase books—English. I. Ooi, Bee Lee.
   II. Title. III. Title: Basic Chinese for Everyone.
   495.182421

Printed and bound in Malaysia.

目录
Contents

序言 Preface		vii
第一课 Lesson 1	汉语拼音 Introduction to Chinese Phonetics	1
第二课 Lesson 2	汉字的认识 Introduction to Chinese Characters	8
第三课 Lesson 3	我是阿里 I am Ali	13
第四课 Lesson 4	问候 Greeting	20
第五课 Lesson 5	礼貌用语 Social Expression	30
第六课 Lesson 6	我的工作 My Occupation	38
第七课 Lesson 7	认识数字 Numbers	46
第八课 Lesson 8	自我介绍 Introducing Oneself	55
第九课 Lesson 9	时间 Time	62
第十课 Lesson 10	钱币 Money	70
第十一课 Lesson 11	年、月、日 Date	80

第十二课	天气	
Lesson 12	How is the weather	94
第十三课	颜色	
Lesson 13	Colours	101
第十四课	你想吃什么？	
Lesson 14	What do you want to eat?	108
第十五课	留言	
Lesson 15	Leave message	115

笔顺表
Table of Stroke Order 123

答案
Answers 137

About the Authors

Preface

Mandarin is one of the world's most widely spoken languages. It is the official language of the People's Republic of China and Taiwan, and is very popular in Singapore, Hong Kong, Malaysia and in many parts of the world.

Mandarin, which we shall refer to as Chinese from here on, is often assumed to be difficult. Two unusual aspects of Chinese are its tonality and writing system. The tone as well as the way a character is written, determine the meaning of a sound.

Basic Chinese for Everyone is specially designed for total beginners to learn Chinese in an easy and systematic way. It is intended for adults and students who want to learn Chinese. It can be used as a textbook in institutions and schools. It is also suitable for those who study on their own.

This book has 15 carefully graded lessons and a vocabulary of 410 words, and can be finished within 50 hours of classrooms sessions. The Chinese characters used in this book are spelt according to the Hanyu Pinyin system, thus making them easy to understand and also useful for those who are unfamiliar with Chinese characters.

Learners will be introduced to the phonetics system and also the unique Chinese writing system. Other topics covered are about one's daily communicative needs such as social greetings, numbers, time, date, weather, colours, job, family, and money matters. Ample exercises after each lesson serve as a supplement to enhance the learning of the skills taught on each topic. The answers are provided at the end of this book. Attached behind, is a list of stroke orders of every character used in the lessons to give the learners better guidance on the proper way to write the Chinese characters.

We believe that this book will be helpful to the general public and students who are interested in learning a new language in order to keep abreast of the new demands for communication in this age of globalisation.

We appreciate and welcome comments and suggestions to improve this book.

Ang Lay Hoon
Ooi Bee Lee
Department of Foreign Languages
Universiti Putra Malaysia

第一课 汉语拼音
dì yī kè   hànyǔ pīnyīn
Lesson 1   Introduction to Chinese Phonetics

1. Chinese phonetics is made up of syllables. Each syllable is represented by a character which carries certain meaning.

2. In 1958, the National People's Assembly approved the transliteration of Chinese characters into the Latin alphabet. The system of transliteration is called Hanyu Pinyin.

3. A Chinese syllable is determined by three elements:

    a. initials (shēng) (consonants)
    b. finals (yùn) (vowels)
    c. tones

4. **Initials**

simple initials:	b	p	m	f
	d	t	n	l
	g	k	h	
palatal initials:	j	q	x	
retroflex initials:	zh	ch	sh	r
sibilant initials:	z	c	s	

1

LESSON 1 — INTRODUCTION TO CHINESE PHONETICS

5. Finals

	a	o	e	i	u	ü	
group a finals:	a	an	ang	ai	ao		
group o/e finals:	o	e	en	eng	ei	ou	ong
group i finals:	i	ia	iao	ie	iu	ian	in
	iang	ing	iong				
group u finals:	u	ua	uo	uai	ui	uan	un
	uang		ueng				
group ü finals:	ü	üe	üan	ün			

6. Tones

Mandarin is a tonal language. Hence, the tone characterises the whole syllable.

a. There are four tones in Mandarin:

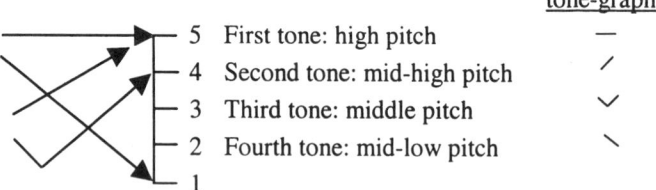

                                             tone-graph
- 5 First tone: high pitch — ‾
- 4 Second tone: mid-high pitch ╱
- 3 Third tone: middle pitch   ∨
- 2 Fourth tone: mid-low pitch ╲
- 1

b. A difference in tone indicates a difference in meaning.

    e.g.: xiē 些 (some)
          xié 鞋 (shoe)
          xiě 写 (write)
          xiè 谢 (thank)

c. There is also a neutral tone which is pronounced short and soft and goes without any tone-graph in writing. e.g.: the second syllable in "māma"

d. The tone-graph should be placed above the main vowel.

    e.g.: fǎ   zǎo   yuè

2

e. If a tone-graph is placed above the final "i", the dot over "i" must be dropped.

   e.g.: rì   míng

f. The third tone changes to the second when followed by another third tone syllable. e.g. "nǐ hǎo" (你好) is pronounced "ní hǎo" but the syllable "nǐ" is still marked in the third tone.

7. **Syllables**

   a. A syllable could be a combination of
      - Finals alone.   e.g.: āo 凹、 ōu 欧
      - initial and final. e.g.: luó 罗、 qián 钱

   b. While spelling the syllables for retroflex initials and sibilant initials, the final "i" is used. e.g.: zhi , chi , shi , ri , zi , ci , si

   c. When the group u finals all occur by themselves, i.e. without initial, they are written with a "w" initial

      e.g.: ǔ   →   wǔ   五 (five)
             uǒ →   wǒ   我 (me)
             uān →   wān 弯 (bend)

   d. When the group i finals all occur by themselves, i.e. without initial, they are written with a "y" initial.

      e.g.: ī   →   yī   衣 (dress)
             iā →   yā   鸭 (duck)
             ìng →   yìng 硬 (hard)

   e. When the group ü finals stand for a separate syllable, they are written in the following way:

      e.g.: ü   →   yú   鱼 (fish)
             üan →   yuán 圆 (circle)
             ün →   yūn 晕 (faint)

LESSON 1 — INTRODUCTION TO CHINESE PHONETICS

f. When the group ü finals combine with "j", "q", "x", the two dots on the top can be omitted. However, while the group ü finals are preceded by initials "l"and "n", the two dots on the top remain.

   e.g.:   j   +   ü   →   jū   居 (stay)
            q   +   ü   →   qù   去 (go)
            x   +   ü   →   xú   徐 (gently)
            l   +   ü   →   lǜ   绿 (green)
            n   +   ü   →   nǚ   女 (female)

第一课 — 汉语拼音

练习— **liànxí yī**
Exercise 1

日期：_____ 分数：___/ 50

请加上四声，读一读   qǐng jiā shàng sì shēng, dú yi dú
Read the following syllables with four tones each

	a	o	e	er	ai	ei	ao	ou	an	en	ang	eng	ong
b	ba	bo			bai	bei	bao		ban	ben	bang	beng	
p	pa	po			pai	pei	pao	pou	pan	pen	pang	peng	
m	ma	mo			mai	mei	mao	mou	man		mang	meng	
f	fa	fo				fei		fou	fan	fen	fang	feng	
d	da		de		dai	dei	dao	dou	dan		dang	deng	dong
t	ta		te		tai		tao		tan		tang	teng	tong
n	na		ne		nai	nei	nao	nou	nan	nen	nang	neng	nong
l	la		le		lai	lei	lao	lou	lan		lang	leng	long
g	ga		ge		gai	gei	gao	gou	gan	gen	gang	geng	gong
k	ka		ke		kai	kei	kao	kou	kan	ken	kang	keng	kong
h	ha		he		hai	hei	hao	hou	han	hen	hang	heng	hong
j													
q													
x													
z	za		ze		zai	zei	zao	zou	zan	zen	zang	zeng	zong
c	ca		ce		cai		cao	cou	can	cen	cang	ceng	cong
s	sa		se		sai		sao	sou	san	sen	sang	seng	song
zh	zha		zhe		zhai	zhei	zhao	zhou	zhan	zhen	zhang	zheng	zhong
ch	cha		che		chai		chao	chou	chan	chen	chang	cheng	chong
sh	sha		she		shai	shei	shao	shou	shan	shen	shang	sheng	
r			re				rao	rou	ran	ren	rang	reng	rong
	a	o	e	er	ai	ei	ao	ou	an	en	ang	eng	ong

5

LESSON 1 — INTRODUCTION TO CHINESE PHONETICS

	i	ia	iao	ie	iou	ian	in	iang	ing	iong
b	bi		biao	bie		bian	bin		bing	
p	pi		piao	pie		pian	pin		ping	
m	mi		miao	mie	miu	mian	min		ming	
f										
d	di		diao	die	diu	dian			ding	
t	ti		tiao	tie		tian			ting	
n	ni		niao	nie	niu	nian	nin	niang	ning	
l	li	lia	liao	lie	liu	lian	lin	liang	ling	
g										
k										
h										
j	ji	jia	jiao	jie	jiu	jian	jin	jiang	jing	jiong
q	qi	qia	qiao	qie	qiu	qian	qin	qiang	qing	qiong
x	xi	xia	xiao	xie	xiu	xian	xin	xiang	xing	xiong
z	zi									
c	ci									
s	si									
zh	zhi									
ch	chi									
sh	shi									
r	ri									
	yi	ya	yao	ye	you	yan	yin	yang	ying	yong

第一课 — 汉语拼音

	u	ua	uo	uai	uei	uan	uen	uang	ueng	ü	üe	üan	ün
b	bu												
p	pu												
m	mu												
f	fu												
d	du		duo		dui	duan	dun						
t	tu		tuo		tui	tuan	tun						
n	nu		nuo			nuan				nü	nüe		
l	lu		luo			luan	lun			lü	lüe		
g	gu	gua	guo	guai	gui	guan	gun	guang					
k	ku	kua	kuo	kuai	kui	kuan	kun	kuang					
h	hu	hua	huo	huai	hui	huan	hun	huang					
j										ju	jue	juan	jun
q										qu	que	quan	qun
x										xu	xue	xuan	xun
z	zu		zuo		zui	zuan	zun						
c	cu		cuo		cui	cuan	cun						
s	su		suo		sui	suan	sun						
zh	zhu	zhua	zhuo	zhuai	zhui	zhuan	zhun	zhuang					
ch	chu	chua	chuo	chuai	chui	chuan	chun	chuang					
sh	shu	shua	shuo	shuai	shui	shuan	shun	shuang					
r	ru	rua	ruo		rui	ruan	run						
	wu	wa	wo	wai	wei	wan	wen	wang	weng	yu	yue	yuan	yun

第二课 汉字的认识
dì èr kè hànzì de rènshi
Lesson 2 Introduction to Chinese Characters

1. The Chinese characters have been the main symbols for writing in China for over three thousand years. Scripts inscribed on tortoise shells and oracle bones discovered in today's Henan Province at the end of the Qing Dynasty (A.D.1644-A.D.1911), were used during the Shang Dynasty (1500B.C.-1030B.C.) in divination rites.

2. The Chinese characters are also called " square characters" as their shapes are square. e.g.: 起、两、意.

3. The Chinese characters are not alphabetic. They are logographic.

4. There are four main categories in the structure of Chinese characters:

   a. Pictograph (象形): the character looks like the object itself.
      e.g.: 山、月、人

   b. Ideograph (指事): the character represents an abstract concept.
      e.g.: 三、上、血

   c. Picto-phonetic compound (形声): the character is formed with two parts, the shape and the sound, suggesting its meaning and pronunciation respectively. e.g.: 妈、园、爸

   d. Compound ideograph (会意): the character is a combination of two or more pictographs. e.g.: 明、信、尖

8

5. Each word in the Chinese language is represented by a unique character, consisting of several strokes.

6. There are eight basic strokes in Chinese characters:

a.	点 dot	丶
b.	横 horizontal	一
c.	竖 vertical	丨
d.	撇 left falling	丿
e.	捺 right falling	乀
f.	提 rising	⼂
g.	勾 hook	亅
h.	折 turning	㇇

7. Stroke Order

	Rules	Example	Stroke-order
a.	The horizontal before the vertical 先横后竖	十	一 十
b.	The left falling before the right falling 先撇后捺	人	丿 人
c.	From top to bottom 从上到下	三	一 二 三
d.	From left to right 从左到右	川	丿 川 川
e.	From outside to inside 先外到内	月	丿 几 月 月
f.	Inside precedes the sealing stroke 先里头后封口	日	丨 冂 日 日
g.	Middle precedes the two sides 先中间后两边	小	亅 小 小

8. Some Chinese characters are single-component. e.g.: 龟、母、子. Most Chinese characters, however, are made up of two or

9

LESSON 2 — INTRODUCTION TO CHINESE CHARACTERS

more components (multi-component characters). e.g : 思、知、国

9. The arrangement of components for multi-component characters

a.	One component is on top of the others 上下式
	e.g. 爸　您　三　蓝
b.	Components are side by side 左右式
	e.g. 好　语　树　新
c.	One component is enclosed in the other 内外式
	e.g. 医　国　同　句

10. In a multi-component character, usually one of the components indicated a certain meaning. Component that can be thus combined is called "side" of characters. All sides originated as single-component characters.

e.g.: "女" in "妈"
"木" in "椅"

It is important to know the "side" if one wants to write and memorize character or to consult a Chinese dictionary.

11. Many dialects of Chinese language exist, each very different when spoken. The written laguage is however, the same everywhere.

12. Today, about 50,000 Chinese characters exist, of which about 5,000 are commonly used.

第二课 — 汉字的认识

练习二 **liànxí èr**
Exercise 2

日期: _____   分数: __/ 50

1. 将下列的字归类，然后填入适当的格子内 (12 分)
   jiāng xià liè de zì guīlèi, ránhòu tián rù shìdàng de gézi nèi
   Categorize the following words into the appropriate column

   | 人 | 妈 | 三 | 尖 | 明 | 月 | 血 |
   | 山 | 园 | 信 | 上 | 爸 | 公 | |

形声	会意	指事	象形
	例: 公		
____	____	____	____
____	____	____	____
____	____	____	____

2. 写出汉字的八种基本笔画 (8 分)
   xiě chū hànzì de bā zhǒng jīběn bǐhuà
   Write down the 8 basic strokes in Chinese character

   a. _____   e. _____
   b. _____   f. _____
   c. _____   g. _____
   d. _____   h. _____

3. 将以下的字归类 (22 分)
   jiāng yǐxià de zì guīlèi
   Categorize the following words

11

LESSON 2 — INTRODUCTION TO CHINESE CHARACTERS

十	蓝	八	叫	医	日	小	休
您	圆	青	国	水	人	爸	你
动	勾	三	园	句	和	月	

例:先横后竖: 十

a. 先撇后捺: _____、_____

b. 先中间后两边: _____、_____

c. 先外后内: _____、_____、_____、_____

d. 先里头后封口: _____、_____、_____、_____

e. 从上到下: _____、_____、_____、_____、_____

f. 从左到右: _____、_____、_____、_____、_____

4. 圈出正确的答案 (3 分)
   quān chū zhèngquè de dá'àn
   Circle the correct answer

   a. 合体字: 龟、子、好、口、知、妈
   b. 独体字: 国、人、语、谢、母、十

5. 数一数，一共有几笔 (5 分)
   shǔ yi shǔ, yī gòng yǒu jǐ bǐ
   Count the number of strokes

   例:　三 <u>3</u>

   a. 人 ____　　　f. 休 ____

   b. 口 ____　　　g. 小 ____

   c. 爸 ____　　　h. 八 ____

   d. 你 ____　　　i. 您 ____

   e. 国 ____　　　j. 上 ____

12

第三课 我是阿里
dì sān kè wǒ shì Ālǐ
Lesson 3 I am Ali

学习重点
xuéxí zhòngdiǎn
Focus of learning

家庭成员
jiātíng chéngyuán
Family members

爸爸	bàba	father
妈妈	māma	mother
哥哥	gēge	elder brother
姐姐	jiějie	elder sister
弟弟	dìdi	younger brother
妹妹	mèimei	younger sister

人称代词
rénchēng dàicí
Personal pronouns

我	wǒ	I, me
你	nǐ	you
他	tā	he
她	tā	she
我们	wǒmen	we
你们	nǐmen	you (all)
他们	tāmen	they

LESSON 3 — I AM ALI

指示代词
zhǐshì dàicí
Demonstrative pronouns

| 这 | zhè | this (nearer) |
| 那 | nà | that (farther) |

课文 (一)
kèwén (yī)
Text I

a. 我是阿里。这是我的爸爸。那是我的妈妈。
wǒ shì Ālǐ. zhè shì wǒ de bàba. nà shì wǒ de māma.
I am Ali. This is my father. That is my mother.

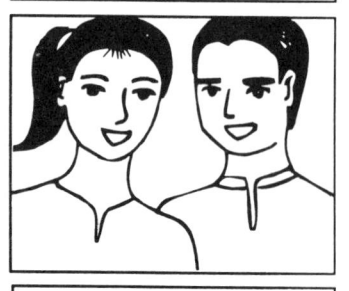

b. 他是我的哥哥, 她是我的姐姐。
tā shì wǒ de gēge, tā shì wǒ de jiějie.
He is my elder brother. She is my elder sister.

c. 这是阿里的弟弟。那是阿里的妹妹。
zhè shì Ālǐ de dìdi. nà shì Ālǐ de mèimei.
This is Ali's younger brother. That is Ali's younger sister.

14

第三课 — 我是阿里

d. 小丽是我的朋友。
Xiǎolì shì wǒ de péngyǒu.
Xiao Li is my friend.

生词短语
shēngcí duǎnyǔ
New words/phrases

是	shì	is, are, was, were
朋友	péngyǒu	friend
我的	wǒ de	my, mine
你的	nǐ de	your, yours
他的	tā de	his
她的	tā de	her
我们的	wǒmen de	our, ours
你们的	nǐmen de	your, yours
他们的	tāmen de	their, theirs

课文 (二)
kèwén (èr)
text II

15

LESSON 3 — I AM ALI

我是阿里。这是我的爸爸、妈妈、哥哥、姐姐、弟弟和妹妹。
他们都是我的家人。

wǒ shì Ālǐ. Zhè shì wǒ de bàba, māma, gēge, jiějie, dìdi hé mèimei.
tāmen dōu shì wǒ de jiārén.

I am Ali. These are my father, mother, elder brother, elder sister, younger brother and younger sister. They are my family members.

生词短语
shēngcí duǎnyǔ
New words / phrases

的	de	an auxiliary word which performs the grammatical structure
和	hé	and
都	dōu	(all)
家人	jiārén	family members

练习三 liànxí sān
Exercise 3

日期：_____   分数: ___/ 50

1. 读出下列的词语 (10 分)
   dú chū xiàliè de cíyǔ
   Read the following words

   哥哥   妹妹   妈妈   弟弟   姐姐
   爸爸   我   你   他   她

2. 写出下列词语的拼音 (10 分)
   xiě chū xiàliè cíyǔ de pīnyīn
   Write down the transliteration of the following words

第三课 — 我是阿里

a. 弟弟 _____   f. 我 _____
b. 朋友 _____   g. 他 _____
c. 姐姐 _____   h. 你 _____
d. 爸爸 _____   i. 是 _____
e. 哥哥 _____   j. 那 _____

3. 写出下列短语的意思 (8 分)
   xiě chū xiàliè duǎnyǔ de yìsì
   Write down the meaning of the following phrases

   例：我的爸爸   **my father**

   a. 他的姐姐   _____
   b. 你的弟弟   _____
   c. 阿里的妈妈   _____
   d. 我们的哥哥   _____
   e. 你们的妹妹   _____
   f. 他们的爸爸   _____
   g. 我的朋友   _____
   h. 她的姐姐   _____

4. 看图填充 (6 分)
   kàntú tiánchōng
   Fill in the blanks according to the picture

   我是阿里。这是我的爸爸、_____、_____、姐姐、_____

   和_____。_____ 都是我的 _____。

5. 替换练习 (5 分)
   tìhuàn liànxí
   Substitution drills

这是 那是	我的 你的 他的	爸爸 妈妈 哥哥 姐姐 弟弟 妹妹

   例子: 这是我的爸爸。

   a. _____
   b. _____
   c. _____

d. _____

e. _____

6. 习写汉字 (11 分)
   xíxiě hànzì
   Learn to write the Chinese characters

爸 bà								
妈 mā								
哥 gē								
姐 jiě								
弟 dì								
妹 mèi								
我 wǒ								
你 nǐ								
他 tā								
她 tā								
这 zhè								
那 nà								

第四课 问候
dì sì kè　　wènhòu
Lesson 4　Greeting

学习重点
xuéxí zhòngdiǎn
Focus of learning

时间 **shíjiān**　　　　**Time**

早上	zǎoshàng	morning
中午	zhōngwǔ	noon
下午	xiàwǔ	afternoon
晚上	wǎnshàng	night

问候语 **wènhòuyǔ**　**Greeting**

早上好	zǎoshàng hǎo	good morning
中午好	zhōngwǔ hǎo	—
下午好	xiàwǔ hǎo	good afternoon
晚上好	wǎnshàng hǎo	good evening

早安	zǎo'ān	good morning
午安	wǔ'ān	good afternoon
晚安	wǎn'ān	good night

大家好	dàjiā hǎo	How are you?
您好	nín hǎo	How do you do?
你好	nǐ hǎo	

第四课 — 问候

课文 (一)
kèwén (yī)
Text I

马末：老师，早上好。
老师：马末，早上好。

Mǎmò: lǎoshī, zǎoshàng hǎo.
lǎoshī: Mǎmò, zǎoshàng hǎo.

Mahmud: Good morning, teacher.
Teacher: Good morning, Mahmud.

马末：哥哥，再见。
哥哥：马末，再见。

Mǎmò: gēge, zàijiàn.
gēge: Mǎmò, zàijiàn.

Mahmud: Goodbye, brother.
Brother: Goodbye, Mahmud.

马末：姐姐，下午好。
姐姐：马末，下午好。

Mǎmò: jiějie, xiàwǔ hǎo.
jiějie: Mǎmò, xiàwǔ hǎo.

Mahmud: Good afternoon, sister.
Sister: Good afternoon, Mahmud.

21

Lesson 4 — Greeting

马末：爸爸，晚上好。
爸爸：马末，晚上好。

Mǎmò: bàba, wǎnshàng hǎo.
bàba: Mǎmò, wǎnshàng hǎo.

Mahmud: Good evening, dad.
Father: Good evening, Mahmud.

马末：妈妈，晚安。
妈妈：马末，晚安。

Mǎmò: māma, wǎn'ān.
māma: Mǎmò, wǎn'ān.

Mahmud: Good night, mum.
Mother: Good night, Mahmud.

马末：小丽，你好。
小丽：马末，你好。

Mǎmò: Xiǎolì, nǐ hǎo.
Xiǎolì: Mǎmò, nǐ hǎo.

Mahmud: How do you do? Xiao Li.
Xiao Li: How do you do? Mahmud.

生词短语
shēngcí duǎnyǔ
New words/phrases

老师	lǎoshī	teacher
同学	tóngxué	classmate
再见	zàijiàn	goodbye

第四课 — 问候

课文 (二)
kèwén (èr)
Text II

马末：小丽，好久不见，你好吗？
小丽：我很好。你呢？
马末：我也很好。
小丽：你忙吗？
马末：还好，我不忙。
小丽：你爸爸、妈妈好吗？
马末：他们都很好。

Mǎmò: Xiǎolì, hǎo jiǔ bù jiàn, nǐ hǎo ma？
Xiǎolì: wǒ hěn hǎo. nǐ ne？
Mǎmò: wǒ yě hěn hǎo.
Xiǎolì : nǐ máng ma？
Mǎmò: hái hǎo, wǒ bù máng.
Xiǎolì : nǐ bàba, māma hǎo ma？
Mǎmò: tāmen dōu hěn hǎo.

Mahmud: Xiao Li, we have not met for quite sometime. How are you?
Xiao Li: I'm fine. How about you?
Mahmud: I'm fine too.
Xiao li: Are you busy?
Mahmud: Not quite, I'm not busy.
Xiao Li: How are your father and your mother?
Mahmud: They are fine.

生词短语
shēngcí duǎnyǔ
New words/phrases

好	hǎo	good, very
久	jiǔ	long time
也	yě	also
还	hái	still
不	bù	not, no
忙	máng	busy

注释
zhùshì
Notes

1. "大家好"、"你好"、"您好"
   - most useful greeting.
   - can be used with anyone on any occasion.

2. "大家好"
   - is used to greet two or more people at the same time.

3. "您"、"你"
   - "您" is the polite form of calling "you" ("你")

4. "早上好"、"早安"; "下午好"、"午安"
   - "早上好"can be replaced by "早安"; "下午好" can be replaced by "午安".

5. There is no equivalence for "中午好" in English.

6. The response for "你好" is also "你好"。 However, the response for "你好吗?" is "我很好"。

7. "晚上好"、"晚安"
   - We greet people by saying "晚上好" when we meet them in the evening or at night.
   - We say "晚安" when we are leaving at night.

第四课 — 问候

练习四 liànxí sì
Exercise 4

日期: _____   分数: ___ / 50

1. 填上正确的汉语拼音 (7 分)
   tián shàng zhèngquè de hànyǔ pīnyīn
   Choose the correct transliteration for the following phrases.

   zàijiàn   lǎoshī   nín hǎo   wǎn'ān
   dàjiā hǎo   tóngxué men zǎoshàng hǎo

   a. 同学们 _____   e. 早上好 _____

   b. 老师 _____   f. 晚安 _____

   c. 大家好 _____   g. 再见 _____

   d. 您好 _____

2. 为下列词语标上调号 (6 分)
   wèi xiàliè cíyǔ biāo shàng diàohào
   Mark the following transliteration with the correct tone-graph.

   a. 妹妹   meimei   d. 你好   ni hao

   b. 爸爸   baba   e. 您   nin

   c. 早上   zaoshang   f. 下午   xiawu

3. 填充 (8 分)
   tiánchōng
   Fill in the blanks.

   阿里：小丽，好久不见，_____?

   小丽：我很好。_____?

   阿里：我 _____ 很好。

25

LESSON 4 — GREETING

小丽：你忙吗？

阿里：还＿＿＿，＿＿＿＿＿＿。

小丽：你爸爸，＿＿＿好吗？

阿里：＿＿＿＿＿都＿＿＿＿。

4. 划线把图和句子连起来(2 分)
   huàxiàn bǎ tú hé jùzi lián qǐlái
   Link the pictures to the appropriate greetings

a.  • • 小丽，早上好。

b.  • • 老师，您好。

c.  • • 阿里，晚安。

d.  • • 爸爸，再见。

第四课 — 问候

5. 替换练习 (11 分)
   tìhuàn liànxí
   Substitution drills

   i.

老师 同学们 哥哥	再见

   a. _____
   b. _____
   c. _____

   ii.

阿里 爸爸 小丽 妈妈 姐姐 老师	早上好 下午好 晚安 您好 你好 早安

   a. _____
   b. _____
   c. _____
   d. _____
   e. _____
   f. _____
   g. _____
   h. _____

LESSON 4 — GREETING

6. 答一答 (8 分)
   dà yi dà
   What is the appropriate response?

   a. 小丽：你好。

      哈山：_____。

   b. 小丽：你好吗？

      哈山：_____。

   c. 老师：大家好。

      同学：_____。

   d. 小丽：再见。

      哈山：_____。

   e. 小丽：晚安。

      哈山：_____。

   f. 小丽：你忙吗？

      哈山：_____。

   g. 小丽：你的爸爸好不好？

      哈山：_____。

   h. 小丽：你的爸爸、妈妈好吗？

      哈山：_____。

7. 问一问 (8 分)
   wèn yi wèn
   What is the appropriate question?

   a. 小丽：_____
      哈山：早上好。

28

b. 小丽：_____
   哈山：我很忙。

c. 小丽：_____
   哈山：我不忙。

d. 小丽：_____
   哈山：你好。

e. 小丽：_____
   哈山：我很好。

f. 小丽：_____
   哈山：中午好。

g. 小丽：_____
   哈山：我妈妈很好。

   _____
   小丽：她也很好。

第五课　礼貌用语
dì wǔ kè　lǐmào yòngyǔ
Lesson 5　Social Expression

学习重点
xuéxí zhòngdiǎn
Focus of learning

对不起	duìbùqǐ	sorry
没关系	méiguānxì	never mind
谢谢	xièxie	thank you
别客气	biékèqì	don't mention it
请	qǐng	would you please

课文（一）
kèwén (yī)
Text I

木都：对不起。
小梅：没关系。

Mùdū: duìbùqǐ.
Xiǎoméi: méiguānxì.

Muthu: I am sorry.
Xiao Mei: Never mind.

第五课 — 礼貌用语

木都：请吃吧！
小梅：谢谢。
木都：别客气。

Mùdū: qǐng chība!
Xiǎoméi: xièxie.
Mùdū: biékèqì.

Muthu: Please eat some.
Xiao Mei: Thank you.
Muthu: You are welcome.

阿里：请坐。
小丽：谢谢。

Ālǐ: qǐng zuò.
Xiǎolì: xièxie.

Ali: Please take a seat.
Xiao Li: Thank you.

马末：请等一下。
莉敏：好。

Mǎmò: qǐng děng yī xià.
Lìmǐn: hǎo.

Mahmud: Please wait a moment.
Li Min: Okay.

阿里：请喝茶。
玉华：谢谢。

Ālǐ: qǐng hēchá.
Yù huá: xièxie.

Ali: Please have a drink.
Yu Hua: Thank you.

LESSON 5 — SOCIAL EXPRESSION

生词短语
shēngcí duǎnyǔ
New words/phrases

吃	chī	eat
坐	zuò	sit down
等	děng	wait
一下	yī xià	a moment
喝茶	hēchá	drink (tea)

课文 (二)
kèwén (èr)
Text II

木都：请问你是小丽的妈妈吗？
妈妈：是的。
木都：我是木都。我是小丽的朋友。
妈妈：你好，请进。
木都：谢谢。
妈妈：别客气。木都，请坐。
木都：谢谢。请问小丽在家吗？
妈妈：对不起，小丽不在家。
木都：没关系。我明天再来。再见。
妈妈：欢迎再来。

Mùdū: qǐng wèn nǐ shì Xiǎolì de māma ma?
māma: shì de.
Mùdū: wǒ shì Mùdū. wǒ shì Xiǎolì de péngyǒu.
māma: nǐ hǎo. qǐng jīn.
Mùdū: xièxie.
māma: biékèqì. Mùdū, qǐng zuò.
Mùdū: xièxie. qǐng wèn Xiǎolì zài jiā ma?
māma: duìbùqǐ, Xiǎolì bù zài jiā.
Mùdū: méiguānxì. wǒ míngtiān zài lái. zàijiàn.
māma: huānyíng zàilái.

第五课 — 礼貌用语

Muthu: Are you Xiao Li's mother?
Mother: yes, I am.
Muthu: I'm Muthu. I am Xiao Li.'s friend.
Mother: How do you do? Please come in.
Muthu: Thank you.
Mother: You are welcome. Please take a seat.
Muthu: Thank you. Is Xiao Li at home?
Mother: I'm sorry, she is not at home.
Muthu: Never mind, I will come again tomorrow. Bye-bye.
Mother: You are welcome to come again.

生词短语
shēngcí duǎnyǔ
New words/phrases

进	jìn	come in
问	wèn	ask
在	zài	in, at
家	jiā	house, home
明天	míngtiān	tomorrow
再	zài	again
来	lái	come
欢迎	huānyíng	welcome

LESSON 5 — SOCIAL EXPRESSION

练习五 **liànxí wǔ**

Exercise 5

日期：_____   分数：___ / 50

1. 读一读并写出下列的拼音 (10 分)
   dú yi dú bìng xiě chū xiàliè de pīnyīn
   Read the following words and phrases, then write down the transliteration

   a. 对不起 _____   f. 坐 _____

   b. 谢谢你 _____   g. 别客气 _____

   c. 你好 _____   h. 没关系 _____

   d. 请问 _____   i. 喝茶 _____

   e. 进 _____   j. 吃 _____

2. B 该怎么回答？(11 分)
   B gāi zěnme huídá
   How should B response?

   a. A: 对不起。

      B: _____

   b. A: 谢谢你。

      B: _____

   c. A: 你好。

      B: _____

   d. A: 请进。

      B: _____

第五课 — 礼貌用语

e. A: 请喝茶。

B: _____

f. A: 请吃吧。

B: _____

g. A: 请坐。

B: _____

h. A: 请问你是阿里吗?

B: _____

A: 你好。

B: _____

i. A: 请问你是阿里吗?

B: _____

A: 对不起。

B: _____

3. 替换练习 (4 分)
tìhuàn liànxí
Substitution drills

请进 请喝茶 请坐 请吃吧	谢谢

a. _____

b. _____

c. _____

d. _____

LESSON 5 — SOCIAL EXPRESSION

4. 看图填充 (10 分)
   kàntú tiánchōng
   Write the dialogues

   a. A: _____
      B: _____

   b. A: _____
      B: _____

   c. A: _____
      B: _____

   d. A: _____
      B: _____

   e. A: _____
      B: _____

36

第五课 — 礼貌用语

5. 请用中文说出下列意思（15分）
   qǐng yòng zhōngwén shuō chū xiàliè yìsi
   How do you say these in Mandarin?

   a. Thank you　　　　　　　＿＿＿＿＿＿＿＿＿＿＿＿＿＿＿

   b. Please come in　　　　　＿＿＿＿＿＿＿＿＿＿＿＿＿＿＿

   c. I am sorry　　　　　　　＿＿＿＿＿＿＿＿＿＿＿＿＿＿＿

   d. Never mind　　　　　　＿＿＿＿＿＿＿＿＿＿＿＿＿＿＿

   e. Please wait a moment　　＿＿＿＿＿＿＿＿＿＿＿＿＿＿＿

   f. Please take a seat　　　　＿＿＿＿＿＿＿＿＿＿＿＿＿＿＿

   g. Please have some tea　　＿＿＿＿＿＿＿＿＿＿＿＿＿＿＿

   h. Is Mahmud at home?　　＿＿＿＿＿＿＿＿＿＿＿＿＿＿＿

   i. I will come again tomorrow　＿＿＿＿＿＿＿＿＿＿＿＿＿

   j. Are you Ali?　　　　　　＿＿＿＿＿＿＿＿＿＿＿＿＿＿＿

   k. Are you Ali's mother?　　＿＿＿＿＿＿＿＿＿＿＿＿＿＿＿

   l. Welcome　　　　　　　　＿＿＿＿＿＿＿＿＿＿＿＿＿＿＿

   m. Okay　　　　　　　　　＿＿＿＿＿＿＿＿＿＿＿＿＿＿＿

   n. Please eat　　　　　　　＿＿＿＿＿＿＿＿＿＿＿＿＿＿＿

   o. Good bye　　　　　　　＿＿＿＿＿＿＿＿＿＿＿＿＿＿＿

第六课 我的工作
dì liù kè wǒ de gōngzuò
Lesson 6 My Occupation

学习重点
xuéxí zhòngdiǎn
Focus of learning

疑问用语
yíwèn yòng yǔ
Interrogative pronouns

什么	shénme	what
什么地方	shénme dìfāng	where
什么工作	shénme gōngzuò	what job
哪里	náli	where

工作
gōngzuò
Occupation

教师	jiàoshī	teacher
讲师	jiǎngshī	lecturer
学生	xuéshēng	student
医生	yīshēng	doctor
护士	hùshì	nurse
经理	jīnglǐ	manager
军人	jūnrén	soldier
律师	lǜshī	lawyer

第六课 — 我的工作

邮差	yóuchāi	postman
警察	jǐngchá	policeman
消防员	xiāofángyuán	fireman
农夫	nóngfū	farmer
秘书	mìshū	secretary
小贩	xiǎofàn	hawker

工作地点
gōngzuò dìdiǎn
Work place

学校	xuéxiào	school
小学	xiǎoxué	primary school
中学	zhōngxué	secondary school
大学	dàxué	university
医院	yīyuàn	hospital
公司	gōngsī	company
律师楼	lùshīlóu	legal firm
邮政局	yóuzhèngjú	post office
警察局	jǐngchájú	police station
农场	nóngchǎng	farm
消防局	xiāofángjú	fire station
银行	yínháng	bank

地点
dìdiǎn
Place

吉隆坡	Jílóngpō	Kuala Lumpur
马六甲	Mǎliùjiǎ	Malacca
新加坡	Xīnjiāpō	Singapore

LESSON 6 — MY OCCUPATION

课文 (一)
kèwén (yī)
Text I

莉敏：你做什么工作？
马末：我是教师。我在小学教书。
莉敏：阿里，你也是教师吗？
阿里：不是，我不是教师。我是经理。我在公司工作。

Lìmǐn: nǐ zuò shénme gōngzuò?
Mǎmò: wǒ shì jiàoshī. wǒ zài xiǎoxué jiāoshū.
Lìmǐn: Ālǐ, nǐ yě shì jiàoshī ma?
Ālǐ: bùshì, wǒ bùshì jiàoshī. wǒ shì jīnglǐ. wǒ zài gōngsī gōngzuò.

Li Min: What is your job?
Mahmud: I am a teacher. I teach in a primary school.
Li Min: Ali, are you also a teacher?
Ali: No, I am not a teacher. I am a manager. I work in a company.

课文 (二)
kèwén (èr)
Text II

莉敏：你在什么地方工作？
马末：我在吉隆坡工作。
莉敏：阿里，你也在吉隆坡工作吗？
阿里：不是，我在新加坡工作。

Lìmǐn: nǐ zài shénme dìfāng gōngzuò?
Mǎmò: wǒ zài Jílóngpō gōngzuò.
Lìmǐn: Ālǐ, nǐ yě zài Jílóngpō gōngzuò ma?
Ālǐ: bùshì, wǒ zài Xīnjiāpō gōngzuò.

Li Min: Where do you work?
Mahmud: I work in Kuala Lumpur.
Li Min: Ali, are you working in Kuala Lumpur too?
Ali: No, I work in Singapore.

课文 (三)
kèwén (sān)
Text III

莉敏：小梅，你是不是学生？
小梅：是，我是学生。
莉敏：你在哪里上课？
小梅：我在大学上课。

Lìmǐn: Xiǎoméi, nǐ shì bùshì xuéshēng?
Xiǎoméi: shì, wǒ shì xuéshēng.
Lìmǐn: nǐ zài náli shàngkè?
Xiǎoméi: wǒ zài dàxué shàngkè.

Li Min: Xiao Mei, are you a student?
Xiao Mei: Yes, I am.
Li Min: Where do you study?
Xiao Mei: I study at a university.

生词短语
shēngcí duǎnyǔ
New words/phrases

做	zuò	do
教书	jiāoshū	teach
上课	shàngkè	study, attend class

LESSON 6 — MY OCCUPATION

练习六 liànxí liù
Exercise 6

日期：＿＿＿＿＿＿＿＿   分数：＿＿ / 50

1. 找出以下词语的拼音 (10 分)
   zhǎo chū yǐxià cíyǔ de pīnyīn
   Write down the transliteration of the following words

   a. 警察 ＿＿＿＿＿   e. 教师 ＿＿＿＿＿   h. 经理 ＿＿＿＿＿

   b. 学生 ＿＿＿＿＿   f. 工作 ＿＿＿＿＿   i. 地方 ＿＿＿＿＿

   c. 邮差 ＿＿＿＿＿   g. 律师 ＿＿＿＿＿   j. 医生 ＿＿＿＿＿

   d. 名字 ＿＿＿＿＿

2. 把地方名称圈起来 (9 分)
   bǎ dìfāng míngchēng quān qǐlái
   Circle the name of places

农夫	学校	马六甲	吉隆坡	讲师
(医院)	新加坡	邮政局	警察局	公司
银行	军人	大学		

3. 写出下列词语的意思 (6 分)
   xiě chū xiàliè cíyǔ de yìsi
   Write down the meaning of the following words

   a. 讲师 ＿＿＿＿＿＿＿＿＿＿

   b. 律师 ＿＿＿＿＿＿＿＿＿＿

c. 大学　　_____

d. 秘书　　_____

e. 吉隆坡　_____

f. 消防员　_____

4. 看图造句 (5 分)
   kàntú zàojù
   According to the pictures given, write a sentence each

例. 　　我的爸爸是消防员。

a. 　　_____

b. 　　_____

LESSON 6 — MY OCCUPATION

c. _____

d. _____

e. _____

5. 替换练习 (15 分)
   tìhuàn liànxí
   Substitution drills

   a.

我是	教师	a. _____
	学生	b. _____
	医生	c. _____
	邮差	d. _____
	警察	e. _____
	军人	f. _____

第六课 — 我的工作

	消防员	g. _____
	秘书	h. _____
	护士	i. _____
	经理	j. _____

b.

| 我在 | 医院
学校
公司
银行
邮政局 | 工作 |

a. _____
b. _____
c. _____
d. _____
e. _____

6. 造句 (5分)
   zàojù
   Construct several sentences following the example given

   例：我叫阿里，是一位医生。我在<u>医院</u>工作。

a. _____
b. _____
c. _____
d. _____
e. _____

第七课 认识数字
dì qī kè rènshi shùzì
Lesson 7 Numbers

学习重点
xuéxí zhòngdiǎn
Focus of learning

一	yī	one
二	èr	two
三	sān	three
四	sì	four
五	wǔ	five
六	liù	six
七	qī	seven
八	bā	eight
九	jiǔ	nine
十	shí	ten
百	bǎi	hundred
千	qiān	thousand
万	wàn	ten thousand
零	líng	zero
两	liǎng	two

第七课 — 认识数字

学习重点
xuéxí zhòngdiǎn
Focus of learning

11	十一	21	二十一		
12	十二	22	二十二		
13	十三	23	二十三		
14	十四	24	二十四		
15	十五	25	二十五		
16	十六	26	二十六		
17	十七	27	二十七		
18	十八	28	二十八		
19	十九	29	二十九		
20	二十	30	三十		

10	十	100	一百	1000	一千
20	二十	200	两百	2000	两千
30	三十	300	三百	3000	三千
40	四十	400	四百	4000	四千
50	五十	500	五百	5000	五千
60	六十	600	六百	6000	六千
70	七十	700	七百	7000	七千
80	八十	800	八百	8000	八千
90	九十	900	九百	9000	九千
100	一百	1000	一千	10,000	十千/一万

LESSON 7 — NUMBERS

101 一百零一	111 一百一十一	1001 一千零一
102 一百零二	112 一百一十二	1010 一千一十
103 一百零三	113 一百一十三	1011 一千一十一
104 一百零四	114 一百一十四	1100 一千一百
105 一百零五	115 一百一十五	1101 一千一百零一
106 一百零六	116 一百一十六	10001 一万零一
107 一百零七	117 一百一十七	10010 一万一十
108 一百零八	118 一百一十八	10100 一万一百
109 一百零九	119 一百一十九	10101 一万一百零一
110 一百一十	120 一百二十	11000 一万一千

课文 (一) 唱歌
kèwén (yī) chànggē
Text I Sing a song

> 一 二 三 四 五 六 七
> 我的朋友在哪里？
> 在哪里？
> 在哪里？
> 我的朋友在这里。

> yī èr sān sì wǔ liù qī
> wǒ de péngyǒu zài náli?
> zài náli?
> zài náli?
> wǒ de péngyǒu zài zhèli.

> 一 二 三 四 五 六 七
> 我的朋友在哪里？
> 在哪里？
> 在哪里？
> 我的朋友就是你。

> yī èr sān sì wǔ liù qī
> wǒ de péngyǒu zài náli?
> zài náli?
> zài náli?
> wǒ de péngyǒu jiù shì nǐ.

课文 (二) 绕口令
kèwén (èr) ràokǒulìng
Text II tongue twister

> 十是十
> 四是四
> 十四是十四
> 四十是四十

> shí shì shí
> sì shì sì
> shí sì shì shí sì
> sì shí shì sì shí

48

第七课 — 认识数字

十四不是四十　　shí sì bùshì sì shí
四十不是十四　　sì shí bùshì shí sì

课文（三）
kèwén (sān)
Text III

哈林：这里有几个人？
小梅：一、二、三、四、五、六、七、八、九、十、十一，一共有十一个人。
哈林：谁没有来？
小梅：彼得没有来。他生病了，现在在医院。

Hālín:　　zhèlǐ yǒu jǐ gè rén?
Xiǎoméi:　yī, èr, sān, sì, wǔ, liù, qī, bā, jiǔ, shí, shíyī, yīgòng yǒu shíyī gè rén.
Hālín:　　shuí méiyǒu lái?
Xiǎoméi:　bǐdé méiyǒu lái. tā shēngbìng le, xiànzài zài yīyuàn.

Halim:　　How many person here?
Xiao Mei:　One, two, three, four, five, six, seven, eight, nine, ten, eleven. Altogether eleven persons.
Halim:　　Who didn't come?
Xiao Mei:　Peter didn't come. He is ill. He is at the hospital now.

LESSON 7 — NUMBERS

生词短语
shēngcí duǎnyǔ
New words/phrases

哈林	Hālín	Halim
有	yǒu	has, have, got
几	jǐ	how, many
个	gè	measure word for people/thing
一共	yīgòng	altogether, in all
谁	shuí	who
没有	méiyǒu	not have, do not
彼得	bǐdé	Peter
生病	shēngbìng	ill
现在	xiànzài	now

注释
zhùshì
Notes

1. The number in Mandarin is pronounced as in the sequence in Malay language or English language

   65 ⇒ enam puluh lima   39 ⇒ thirty nine
   　　　六 十 五　　　　　　　　三 十 九
   　　　liù shí wǔ　　　　　　　　sānshí jiǔ

2. "一万" is equivalent to "十千"
   e.g.: 10,300 ⇒ "一万零三百" or "十千三百"
   　　　15,250 ⇒ "一万五千两百五十" or "十五千两百五十"

第七课 — 认识数字

练习七 **liànxí qī**

Exercise 7

日期：_____   分数: __/ 50

1. 选出对的拼音，相配并划线连起来 (5 分)
   xuǎn chū duì de pīnyīn, xiāngpèi bìng huàxiàn lián qǐlái
   Link the following words to the correct transliteration

七	líng
万	yī
三	liù
千	qiān
一	wǔ
百	liǎng
四	sì
十	bǎi
零	wàn
九	jiǔ
六	shí
两	èr
二	bā
五	sān
八	qī

2. 朗读下列数字 (5 分)
   lǎngdú xiàliè shùzì
   Read aloud the numbers

   二十六　　九十二　　两百七十一　　四千四百
   一千零八　七十千八百　四万零六百　　八万三千五百
   六千六百三十二　　　五十千一百零六

LESSON 7 — NUMBERS

3. 朗读下列数字 (7 分)
   lǎngdú xiàliè shùzì
   Read aloud the numbers

3	16	20	34	47	51	62
75	83	99	140	244	358	467
501	516	770	855	998	1001	2230
3459	4781	5908	6080	7800	9889	9999

4. 将下列的数字，写成汉字 (16 分)
   jiāng xiàliè de shùzì, xiě chéng hànzì
   Write the following numbers in Mandarin

   a. 10   ⇨ _____
   b. 47   ⇨ _____
   c. 123   ⇨ _____
   d. 105   ⇨ _____
   e. 561   ⇨ _____
   f. 805   ⇨ _____
   g. 9246   ⇨ _____
   h. 3053   ⇨ _____
   i. 7614   ⇨ _____
   j. 65,087 ⇨ _____
   k. 10,490 ⇨ _____
   l. 99,109 ⇨ _____
   m. 35,167 ⇨ _____
   n. 514,000 ⇨ _____
   o. 273,614 ⇨ _____
   p. 300,000 ⇨ _____

第七课 — 认识数字

5. 将下列的汉字，写成数字 (9 分)
   jiāng xiàliè de hànzì, xiě chéng shùzì
   Write down the numbers

   a. 两百七十九 ⇒ _____
   b. 八百零二 ⇒ _____
   c. 七千四百八十一 ⇒ _____
   d. 五万三千零四十六 ⇒ _____
   e. 九千一百十三 ⇒ _____
   f. 四十千八百五十 ⇒ _____
   g. 十千零二十 ⇒ _____
   h. 二十千五百九十四 ⇒ _____
   i. 六万三千两百二十二 ⇒ _____
   j. 两万一千七百九十八 ⇒ _____
   k. 三十三千三百三十三 ⇒ _____
   l. 九百零七 ⇒ _____
   m. 三十六 ⇒ _____
   n. 四百二十 ⇒ _____
   o. 六千一百八十五 ⇒ _____
   p. 七万零四 ⇒ _____
   q. 一千七百一十一 ⇒ _____
   r. 二十三千五百八十七 ⇒ _____

LESSON 7 — NUMBERS

6. 请填上正确的汉字 (8 分)
   qǐng tián shàng zhèngquè de hànzì
   Fill in the blanks

   a. 963   ⇒   ___ 百六___ 三
   b. 300   ⇒   三___
   c. 611   ⇒   六___ 十___
   d. 5987   ⇒   五___ 九___ 八___ 七
   e. 2376   ⇒   ___ 千___ ___ 七___六
   f. 10,006 ⇒   一___ ___ 六
   g. 80,503 ⇒   八十___ 五___ 零三

第八课　自我介绍
dì bā kè　zì wǒ jièshào
Lesson 8　Introducing Oneself

学习重点
xuéxí zhòngdiǎn
Focus of learning

名字	míngzi	name
几岁	jǐ suì	how old (for 12 years old or below)
多大	duō dà	how old (for above 12 years old)
结婚	jiéhūn	married
住	zhù	stay, live

课文（一）
kèwén (yī)
Text I

马末：你叫什么名字？
阿里：我叫阿里。

Mǎmò: nǐ jiào shénme míngzi?
Ālǐ: wǒ jiào Ālǐ.

Mahmud: What is your name?
Ali: My name is Ali.

Lesson 8 — Introducing Oneself

马末：请问你是谁？
小华：我是小华。

Mǎmò: qǐng wèn nǐ shì shuí?
Xiǎohuá: wǒ shì Xiǎohuá.

Mahmud: May I know who you are?
Xiao Hua: I am Xiao Hua.

课文(二)
kèwén (èr)
Text II

马末：请问你多大了？
哈山：三十一岁。你呢？
马末：我三十七岁。
哈山：你的女儿几岁？
马末：她五岁了。
哈山：你的儿子呢？
马末：他才三岁。

Mǎmò: qǐng wèn nǐ duō dà le?
Hāshān: sānshíyī suì. nǐ ne?
Mǎmò: wǒ sānshíqī suì.
Hāshān: nǐ de nǚ'ér jǐ suì?
Mǎmò: tā wǔ suì le.
Hāshān: nǐ de érzi ne?
Mǎmò: tā cái sān suì.

Mahmud: May I know your age?
Hassan: Thirty one, and you?
Mahmud: I am thirty seven years old.
Hassan: How old is your daughter?
Mahmud: She is five years old.
Hassan: How old is your son?
Mahmud: He is only three years old.

课文 (三)
kèwén (sān)
Text III

马末：你住在哪里？
哈山：我住在吉隆坡。
马末：你不是住在新加坡吗？
哈山：不是，我的爸爸、妈妈住在新加坡。我住在吉隆坡。

第八课 — 自我介绍

Mǎmò: nǐ zhù zài náli?
Hāshān: wǒ zhù zài Jílóngpō.
Mǎmò: nǐ bùshì zhù zài Xīnjiāpō ma?
Hāshān: bùshì, wǒ de bàba, māma zhù zài Xīnjiāpō. wǒ zhù zài Jílóngpō.

Mahmud: Where do you stay?
Hassan: I stay at Kuala Lumpur.
Mahmud: Don't you stay at Singapore?
Hassan: No, my father and mother stay there. I stay at Kuala Lumpur.

马末：你结婚了吗？
哈山：是的，我结婚了。
马末：你的妹妹是不是也结婚了？
哈山：不是，她还没有结婚。她才十六岁。

Mǎmò: nǐ jiéhūn le ma?
Hāshān: shìde, wǒ jiéhūn le.
Mǎmò: nǐ de mèimei shìbùshì yě jiéhūn le?
Hāshān: bùshì, tā hái méiyǒu jiéhūn. Tā cái shíliù suì.

Mahmud: Are you married?
Hassan: Yes, I am married.
Mahmud: Is your sister married too?
Hassan: No, she is not married yet. She is only sixteen years old.

课文 (四)
kèwén (sì)
Text IV

大家好。我叫小华，今年十九岁。我是学生。我住在吉隆坡，也在吉隆坡念书。

dàjiā hǎo. wǒ jiào Xiǎohuá, jīnnián shíjiǔ suì. wǒ shì xuéshēng. wǒ zhù zài Jílóngpō, yě zài Jílóngpō niànshū.

Hello, everyone. I am Xiao Hua. This year I am nineteen. I am a student. I live in Kuala Lumpur and also study there.

LESSON 8 — INTRODUCING ONESELF

你们好。我的名字是哈山。我四十岁了。我是医生。我在医院工作。我结婚了。我的太太是秘书。我们有三个孩子。我们都住在马六甲。

nǐmen hǎo. wǒ de míngzi shì Hashan. wǒ sìshí suì le. wǒ shì yīshēng. wǒ zài yīyuàn gōngzuò. wǒ jiéhūn le. wǒ de tàitai shì mìshū. wǒmen yǒu sān gè háizi. wǒmen dōu zhù zài Mǎliùjiǎ.

Hello, everyone. My name is Hassan. I am forty years old. I am a doctor. I work in a hospital. I am married. My wife is a secretary. We have three children. We stay at Malacca.

生词短语
shēngcí duǎnyǔ
New words/phrases

女儿	nǚ'ér	daughter
儿子	érzi	son
孩子	háizi	children
才	cái	just, only
还没	hái méi	still not
今年	jīnnián	this year
念书	niànshū	study

练习八 **liànxí bā**
Exercise 8

日期：_____   分数：_/ 50_

1. 读一读并写出下列的拼音 (14 分)
   dú yi dú bìng xiě chū xiàliè de pīnyīn
   Read the following words and phrases, then write down the transliteration

第八课 — 自我介绍

a. 名字 _____   f. 女儿 _____   k. 请问 _____

b. 几岁 _____   g. 儿子 _____   l. 多大 _____

c. 结婚 _____   h. 孩子 _____   m. 哪里 _____

d. 住 _____   i. 念书 _____   n. 什么 _____

e. 谁 _____   j. 今年 _____

2. 翻译成英语 (7 分)
   fānyì chéng yīngyǔ
   What do the questions mean? Please translate into English

   a. 请问你叫什么名字？ _____

   b. 请问你多大了？ _____

   c. 你的女儿几岁？ _____

   d. 你住在哪里？ _____

   e. 你结婚了吗？ _____

   f. 你做什么工作？ _____

   g. 你在哪里工作？ _____

3. 答一答 (7 分)
   dá yi dá
   Answer the questions

   a. 请问你叫什么名字？ _____

   b. 请问你多大了？ _____

   c. 你的女儿几岁？ _____

   d. 你住在哪里？ _____

LESSON 8 — INTRODUCING ONESELF

    e. 你结婚了吗？ _____

    f. 你做什么工作？ _____

    g. 你在哪里工作？ _____

4. 根据课文 (三) 回答问题 (4 分)
   gēnjù kèwén (sān) huídá wèntí
   Answer the following questions base on text III

    a. 哈山住在哪里？ _____

    b. 谁住在新加坡？ _____

    c. 哈山结婚了吗？ _____

    d. 哈山的妹妹几岁了？ _____

5. 根据课文 (四) 回答问题 (8 分)
   gēnjù kèwén (sì) huídá wèntí
   Answer the following questions base on text IV

    a. 小华今年几岁？ _____

    b. 小华住在哪里？ _____

    c. 小华是学生吗？ _____

    d. 小华是不是在新加坡念书？ _____

    e. 哈山做什么工作？ _____

    f. 哈山在哪里工作？ _____

    g. 哈山有几个孩子？ _____

    h. 哈山住在马六甲吗？ _____

第八课 — 自我介绍

6. 填上中文词语 (10 分)
   tián shàng zhōngwén cíyǔ
   Fill in the blanks in Mandarin according to the data provided

   你们好。我的名字是 _____ (Muthu)。我今年

   _____ (27 years old)。我是 _____ (doctor)。我在

   _____ (hospital) 工作。我 _____ (married) 了。我的

   _____ (wife) 是 _____ (secretary)。她在 _____

   (bank) 工作。我们有一个 _____ (child)。我们都住在

   _____ (Kuala Lumpur)。

第九课 时间
dí jiǔ kè　shíjiān
Lesson 9　Time

学习重点
xuéxí zhòngdiǎn
Focus of learning

早上六点 / 六时正 zǎoshàng liù diǎn / liù shí zhèng 6.00am	中午十二点零五分 zhōngwǔ shí'èr diǎn líng wǔ fēn 12.05pm
下午四点四十五分 / 四点三刻 xiàwǔ sì diǎn sìshíwǔ fēn / sì diǎn sān kè 4.45pm	晚上八点半 / 八点三十分 wǎnshàng bā diǎn bàn / bā diǎn sānshí fēn 8.30pm

第九课 — 时间

课文 (一)
kèwén (yī)
Text I

现在几点？
xiànzài jǐ diǎn?
What is the time now?

a. 现在是早上七点半
   xiànzài shì zǎoshàng qī diǎn bàn
   It is 7.30 am now

b. 现在是中午十二点正
   xiànzài shì zhōngwǔ shí'èr diǎn zhèng
   It is 12.00 pm now

c. 现在是下午三点二十分
   xiànzài shì xiàwǔ sān diǎn èrshí fēn
   It is 3.20 pm now

d. 现在是晚上九点四十七分
   xiànzài shì wǎnshàng jiǔ diǎn sìshíqī fēn
   It is 9.47 pm now

课文 (二)
kèwén (èr)
Text II

玉华: 你几点出去？
玛丽: 我下午两点半出去。
玉华: 小丽几点回来？
玛丽: 她晚上十一点回来。
玉华: 你几点有空？
玛丽: 我早上九点有空。

Yùhuá: nǐ jǐ diǎn chūqù?
Mǎlì: wǒ xiàwǔ liǎng diǎn bàn chūqù.
Yùhuá: Xiǎolì jǐ diǎn huílái?
Mǎlì: tā wǎnshàng shíyī diǎn huílái.
Yùhuá: nǐ jǐ diǎn yǒukòng?
Mǎlì: wǒ zǎoshàng jiǔ diǎn yǒukòng.

63

LESSON 9 — TIME

Yu Hua: What time are you going out?
Mary: I am going out at 2.30 pm.
Yu Hua: What time is Xiao Li coming back?
Mary: She is coming back at 11pm.
Yu Hua: What time are you free?
Mary: I am free at 9 am.

生词短语
**shēngcí duǎnyǔ
New words/phrases**

几点	jǐ diǎn	what time
现在	xiànzài	now
出去	chūqù	go out
回来	huílái	come back
有空	yǒukòng	free

课文 (三)
**kèwén (sān)
Text III**

李先生： 你好，我是李文华。请问罗斯兰先生几点有空？我有事要见他。
秘书： 下午三点。
李先生： 早上可以吗？
秘书： 他早上九点开会。
李先生： 中午十二点呢？
秘书： 罗斯兰先生早上十一点半要到吉隆坡去。下午两点才回来。
李先生： 那么，我只好在下午三点来见他。
秘书： 好。

Lǐ xiānsheng: nǐ hǎo. wǒ shì Lǐwénhuá. qǐngwèn Luósīlán
    xiānsheng jǐ diǎn yǒukòng? wǒ yǒushì yào jiàn tā.
mìshū: xiàwǔ sān diǎn.

第九课 — 时间

Lǐ xiānsheng: zǎoshàng kěyǐ ma?
mìshū: tā zǎoshàng jiǔ diǎn kāihuì.
Lǐ xiānsheng: zhōngwǔ shí'èr diǎn ne?
mìshū: Luósīlán xiānsheng zǎoshàng shíyī diǎn bàn yào dào
   Jílóngpō qù. xiàwǔ liǎng diǎn cái huílái.
Lǐ xiānsheng: nàme, wǒ zhǐhǎo zài xiàwǔ sān diǎn lái jiàn tā.
mìshū: hǎo.

Mr. Li: Hello. I am Li Wenhua. May I know when Mr.Roslan is
   free? I have to see him regarding some matters.
Secretary: 3 o'clock this afternoon.
Mr. Li: How about in the morning?
Secretary: He has a meeting at 9 o'clock.
Mr. Li: How about 12 noon then?
Secretary: Mr. Roslan has to leave for Kuala Lumpur at 11.30 am.
   He will come back by 2 o'clock.
Mr. Li: In that case, I have no choice but to see him at 3 o'clock
   this afternoon.
Secretary: I am afraid so.

生词短语
shēngcí duǎnyǔ
New words/phrases

事	shì	matter
可以	kěyǐ	can
开会	kāihuì	meeting
要	yào	want
到…去	dào…qù	go to
那么	nàme	in that case
只好	zhǐhǎo	has / have to

LESSON 9 — TIME

练习九 liànxí jiǔ
Exercise 9

日期：_____   分数：__/ 50

1. 说出以下时间 (20 分)
   shuōchū yǐxià shíjiān
   Tell the time in Mandarin

8.30 am	_____	Monday 9.00 am	_____
9.45 am	_____	Wednesday 12.45 pm	_____
12.00 pm	_____	Friday 6.35 am	_____
2.16 pm	_____	Saturday 5.04 pm	_____
3.27 pm	_____	Sunday 4.50 pm	_____
4.52 pm	_____	Next Tuesday 8.20 am	_____
7.15 pm	_____	Last Thursday 10.10 pm	_____
11.34 pm	_____	This Saturday 5.25 am	_____
1.10 am	_____	Next Monday 6.19 pm	_____
2.07 am	_____	This Friday 3.08 pm	_____

2. 替换练习 (5 分)
   tìhuàn liànxí
   Substitution drills

妈妈	明天下午两点	出去
李先生	今天中午十二点十五分	有空
阿里	昨天早上七点半	上课
他	上个星期六晚上十一点十分	回来
王经理	下个星期三下午三点二十分	开会

第九课 — 时间

    a. _____
    b. _____
    c. _____
    d. _____
    e. _____

3. 问时间 (10 分)
   wèn shíjiān
   Please ask appropriately for the time

    a. 玛丽：_____ ?
          马末：现在是早上十点。

    b. 玛丽：_____ ?
          哈山，马末：我们早上八点有空。

    c. 玛丽：_____ ?
          哈山：我下午四点上课。

    d. 玛丽：_____ ?
          马末：我现在要到吉隆坡去。

    e. 哈山：_____ ?
          秘书：罗斯兰经理下午六点才回来。

    f. 哈山：_____ ?
          秘书：罗斯兰经理今天早上开会。

    g. 哈山：_____ ?
          秘书：罗斯兰经理中午十一点半出去。

    h. 姐姐：_____ ?
          妹妹：我明天早上九点二十分要出去。

    i. 马末：_____ ?
          爸爸：我下午六点回来。

j. 玉华：_____？
   玛丽：我明天没有空。

4. 根据指定时间回答问题 (10 分)
   gēnjù zhǐdìng shíjiān huídá wèntí
   Please answer according to the time given

   a. 现在几点？

      • _____ (9.43 am)
      • _____ (12.09 pm)

   b. 玉华：你几点出去？
      玛丽：我 _____ 出去。(6.45 am)
      玉华：你几点回来？
      玛丽：我 _____ 回来。(10.30 am)
      玉华：你几点上课？
      玛丽：我 _____ 上课。(2.15 pm)

   c. 玉华：请问罗斯兰先生几点有空？
      秘书：_____。(5.00 pm)
      玉华：早上可以吗？
      秘书：他 _____ 开会。(9.30 am)
      玉华：_____ 呢？(12.30 pm)
      秘书：罗斯兰先生 _____ (12.00 pm) 有事出去。_____ (4.30 pm) 才回来。
      玉华：好，谢谢。

5. 课文 (三) 是非题 (5 分)
   kèwén (sān) shìfēití
   Base on text III, answer the following questions. Put a (√) to the true statement and a (✘) to the false statement.

   a. 李文华要见秘书。……………………( )

   b. 罗斯兰先生下午三点有空。……………( )

   c. 罗斯兰先生早上九点开会。……………( )

   d. 罗斯兰先生早上十一点半要到吉隆坡去。……( )

   e. 李先生下午两点回来。…………………( )

第十课 钱币
dì shí kè　qiánbì
Lesson 10　Money

学习重点
xuéxí zhòngdiǎn
Focus of learning

元	yuán	dollar, yuan (currency in Singapore, US, China, etc.)
角	jiǎo	10 cents
分	fēn	cent
零吉	língjí	Ringgit (currency in Malaysia)
仙	xiān	cent

量词
liàngcí
Measure word

枝	zhī	spray (for long, hard item)
把	bǎ	(for ruler, rice etc.)
本	běn	(for book, etc.)
件	jiàn	piece (for clothes, etc.)
块	kuài	piece (for bread, eraser, etc.)
张	zhāng	(for table, paper, etc.)

第十课 — 钱币

课文 (一)
kèwén (yī)
Text I

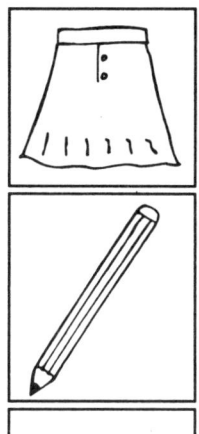

这件裙子三十元。
zhè jiàn qúnzi sānshí yuán.
This skirt is thirty dollars.

这枝笔五角。
zhè zhī bǐ wǔ jiǎo.
This pen is fifty cents.

五块胶擦四元零五分。
wǔ kuài jiāocā sì yuán líng wǔ fēn.
Five erasers for four dollars and five cents.

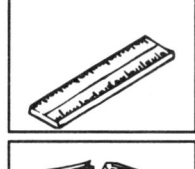

这把尺卖一元三角。
zhè bǎ chǐ mài yī yuán sān jiǎo.
This ruler is sold at one dollar thirty cents.

这两本书共一百元八十五分。
zhè liǎng běn shū gòng yī bǎi yuán bāshíwǔ fēn.
These two books are one hundred dollars and eighty five cents in total.

这张桌子值三千五百元。
zhè zhāng zhuōzi zhí sān qiān wǔ bǎi yuán.
This table is worth three thousand and five hundred dollars.

LESSON 10 — MONEY

生词短语
shēngcí duǎnyǔ
New words/phrases

裙子	qúnzi	skirt
笔	bǐ	pencil
胶擦	jiāocā	eraser
尺	chǐ	ruler
书	shū	book
桌子	zhuōzi	table
卖	mài	sold (at)
共	gòng	in total
值	zhí	worth

课文 (二)
kèwén (èr)
Text II

老板：小姐，要买花吗？
小姐：多少钱一枝？
老板：玫瑰花一枝二零吉；胡姬三枝二零吉；康乃馨三枝四零吉。
小姐：这么贵！算便宜一些吧。
老板：好，好，好。你多选几枝。
小姐：我要十枝胡姬花，十二枝康乃馨。
老板：还要玫瑰花吗？
小姐：够了，不要了。
老板：十枝胡姬花算你九枝的价钱，就六零吉吧。十二枝康乃馨，一共十六零吉，全部二十二零吉。
小姐：再算便宜一些吧。二十零吉可以吗？
老板：已经很便宜了。这样吧，我再送你两枝胡姬花。
小姐：也好。这里是二十五零吉。
老板：找回三零吉，谢谢。下次再来。

第十课 — 钱币

lǎobǎn: xiǎojie, yào mǎi huā ma?
xiǎojie: duōshǎo qián yī zhī?
lǎobǎn: méiguī huā yī zhī èr língjí; hújī huā sān zhī èr língjí; kāngnǎixīn sān zhī sì língjí.
xiǎojie: zhème guì! suàn piányí yī xiē ba.
lǎobǎn: hǎo, hǎo, hǎo. nǐ duō xuǎn jǐ zhī.
xiǎojie: wǒ yào shí zhī hújī huā, shí'èr zhī kāngnǎixīn.
lǎobǎn: hái yào méiguī huā ma?
xiǎojie: gòu le, bùyào le.
lǎobǎn: shí zhī hújī huā suàn nǐ jiǔ zhī de jiàqián, jiù liù língjí ba. shí'èr zhī kāngnǎixīn, yīgòng shíliù língjí, quánbù èrshí'èr língjí.
xiǎojie: zài suàn piányí yī xiē ba. èrshí língjí kěyǐ ma?
lǎobǎn: yǐjīng hěn piányí le. zhèyàng ba, wǒ zài sòng nǐ liǎng zhī hújī huā.
xiǎojie: yě hǎo. zhèlǐ shì èrshíwǔ língjí.
lǎobǎn: zhǎo huí sān língjí, xièxie. xiàcì zài lái.

Shopkeeper: Miss, would you like to buy some flowers?
Young lady: How much for one?
Shopkeeper: Rose, one for two ringgit. Orchid, three for two ringgit. Carnation, three for four ringgit.
Young lady: That's expensive! Make it cheaper.
Shopkeeper: Okay. Please choose more.
Young lady: I want ten orchids and twelve carnations.
Shopkeeper: Do you want rose?
Young lady: No, I think that is enough.
Shopkeeper: Ten orchids, let me charge you for nine, that will be six ringgit only. Twelve carnation is sixteen ringgit. Altogether twenty-two ringgit.
Young lady: Come on, make it much cheaper. How about twenty ringgit?
Shopkeeper: It is very cheap. Okay, like this, I shall give you two more orchids without charges.
Young lady: Okay. Here is twenty-five ringgit.
Shopkeeper: This is three ringgit change. Thank you. Please come again.

LESSON 10 — MONEY

生词短语
shēngcí duǎnyǔ
New words/phrases

老板	lǎobǎn	boss, shopkeeper
小姐	xiǎojie	young lady, miss
花	huā	flower
多少钱	duōshǎo qián	how much (money)
玫瑰花	méiguì huā	rose
胡姬花	hújī huā	orchid
康乃馨	kāngnǎixīn	carnation
这么	zhème	such, so
贵	guì	expensive
算	suàn	calculate, consider
便宜	piányí	cheap
多	duō	more
够了	gòu le	enough
价钱	jiàqián	price
全部	quánbù	altogether
已经	yǐjīng	already
这样	zhèyàng	like this
送	sòng	give (for free)
这里	zhèli	here
找回	zhǎo huí	give back the change
下次	xiàcì	next time

第十课 — 钱币

练习十 liànxí shí
Exercise 10

日期： _____   分数： __/ 50

1. 说出以下价钱 (10 分)
   shuōchū yǐxià jiàqián
   Tell the price in Mandarin

   $ 0.90

   $ 1.40

   $ 5.00

   $ 19.75

   $ 88.88

   $ 203.89

   $ 482.60

   $ 966.50

   $ 2100.00

   $ 9988.99

   RM 0.30

   RM 2.70

   RM 18.57

   RM 74.11

   RM 96.23

   RM 555.00

   RM 980.05

   RM 991.65

   RM 4002.10

   RM 6818.22

LESSON 10 — MONEY

2. 替换练习 (5 分)
   tìhuàn liànxí
   Substitution drills

这件裙子	五十元
三本书	四十六元
一张桌子	三十七元五角
四十枝胡姬花	三十二元
二十枝玫瑰花	二十元

   a. _____
   b. _____
   c. _____
   d. _____
   e. _____

3. 问价钱 (10 分)
   wèn jiàqián
   Ask appropriately for the price

   a. 小丽：_____?
      老板：玫瑰花一枝二零吉。

   b. 小丽：_____?
      老板：这张桌子值三千零吉。

   c. 小丽：_____?
      老板：全部二十二零吉。

   d. 小丽：_____?
      老板：这把尺一零吉五角。

   e. 玛丽：_____?
      老板：这件裙子八十零吉。

第十课 — 钱币

f. 玛丽：_____？
   老板：这五本书一共两百零吉。

g. 玛丽：_____？
   马末：我的笔一枝五零吉。_____？
   玛丽：我的笔一枝才一零吉。

h. 马末：_____？
   哈山：我买的玫瑰花一枝五零吉。_____？
   马末：我买的玫瑰花一枝才四零吉五十仙。

4. 根据指定价钱回答问题 (10 分)
   gēnjù zhǐdìng jiàqián huídá wèntí
   Please answer according to the price given

   a. 玉华：那件裙子多少钱？
      老板：_____ ($ 150)

   b. 玉华：这本书多少钱？
      老板：_____ ($ 69.40)

   c. 玉华：胡姬花一枝多少钱？
      老板：_____ ($1.50)

   d. 玉华：这把尺多少钱？
      老板：_____ ($0.90)

   e. 玉华：那张桌子多少钱？
      老板：_____ ($2,999)

   f. 玉华：你的裙子多少钱？
      小丽：_____ ($88.90)

   g. 弟弟：哥哥，你的胶擦多少钱？
      哥哥：_____ ($0.35)

77

LESSON 10 — MONEY

 h. 弟弟：一块胶擦三十五仙。十块胶擦多少钱？
   哥哥：_____ (RM3.50)

 i. 弟弟：哥哥，你的笔多少钱？
   哥哥：_____ (RM2.70)

 j. 玉华：你买的康乃馨一枝多少钱？
   小丽：_____ (RM 1.90)

5. 课文 (二) 是非题 (5 分)
  kèwén (èr) shìfēití
  Base on text II, put a (✓) to the true statement and a (✗) to the false statement

 a. 老板要买花。····································· (　)
 b. 小姐要买十二枝胡姬花。················· (　)
 c. 小姐还要买十二枝康乃馨。············· (　)
 d. 小姐不要买玫瑰花。························· (　)
 e. 老板送小姐两枝胡姬花。················· (　)

6. 讨价还价，翻译成英语(10 分)
  tǎojià huánjià, fānyì chéng yīngyǔ
  Learn to bargain. Please translate to English

  小姐：玫瑰花多少钱一枝？
  老板：三零吉一枝。
  小姐：这么贵！算便宜一些吧。
  老板：好，好，好。二零吉九十仙。
  小姐：再算便宜一些吧。
  老板：已经很便宜了。
  小姐：二零吉五十仙可以吗？
  老板：也好。

第十课 — 钱币

第十一课　年、月、日
dì shíyī kè　nián, yuè, rì
Lesson 11　Date

学习重点
xuéxí zhòngdiǎn
Focus of learning

年 nián Year

一九九零年	yī jiǔ jiǔ líng nián	year 1990
二零零零年	èr líng líng líng nián	year 2000
二零二零年	èr líng èr líng nián	year 2020

去年	qùnián	last year
今年	jīnnián	this year
明年	míngnián	next year

一年	yī nián	one year
两年	liǎng nián	two years
十年	shí nián	ten years

月 yuè Month

一月	yīyuè	January	七月	qīyuè	July
二月	èryuè	February	八月	bāyuè	August
三月	sānyuè	March	九月	jiǔyuè	September
四月	sìyuè	April	十月	shíyuè	October
五月	wǔyuè	May	十一月	shíyīyuè	November
六月	liùyuè	Jun	十二月	shí'èryuè	December

上个月	shàng gè yuè	last month
这个月	zhè gè yuè	this month
下个月	xià gè yuè	next month

一个月	yī gè yuè	one month
两个月	liǎng gè yuè	two months
十个月	shí gè yuè	ten months

日 / 号 rì / hào Day

一日	yī rì	first day of the month
二日	èr rì	second day of the month
十日	shí rì	tenth day of the month
三十日	sānshí rì	thirtieth day of the month

星期 xīngqī week

昨天	zuótiān	yesterday
今天	jīntiān	today
明天	míngtiān	tomorrow

一天	yī tiān	one day
两天	liǎng tiān	two days
四十天	sìshí tiān	forty days

LESSON 11 — DATE

星期一	xīngqīyī	Monday
星期二	xīngqī'èr	Tuesday
星期三	xīngqīsān	Wednesday
星期四	xīngqīsì	Thursday
星期五	xīngqīwǔ	Friday
星期六	xīngqīliù	Saturday
星期日	xīngqīrì	Sunday
星期天	xīngqītiān	Sunday

一个星期	yī gè xīngqī	one week
两个星期	liǎng gè xīngqī	two weeks
五十二个星期	wǔshí'èr gè xīngqī	fifty two weeks

上个星期	shàng gè xīngqī	last week
这个星期	zhè gè xīngqī	this week
下个星期	xià gè xīngqī	next week

疑问用语
yíwèn yòngyǔ
Interrogative pronouns

哪	nǎ	which
几	jǐ	how many, what number
怎样	zěnyàng	how
什么时候	shénme shíhou	when
为什么	wèishénme	why

节日
jiérì
Festivals

阳历新年	yánglì xīnnián	New Year's Day
大宝森节	dàbǎosēnjié	Thaipusam
农历新年	nónglì xīnnián	Chinese New Year

第十一课 — 年、月、日

哈芝节	hāzhījié	Hari Raya Qurban
回历元旦	huílì yuándàn	Awal Muharram
劳动节	láodòngjié	Labour Day
卫塞节	wèisèjié	Wesak Day
国庆日	guóqìngrì	National Day
屠妖节	túyāojié	Deepavali
开斋节	kāizhāijié	Hari Raya Puasa
圣诞节	shèngdànjié	Christmas Day

课文（一）
kèwén (yī)
Text I

阿里： 美芳，祝你生日快乐！
美芳： 谢谢。
阿里： 你是哪年出生的？
美芳： 我是一九九零年出生的。
阿里： 你想怎样庆祝生日呢？
美芳： 今年我要请假一个星期到曼谷去游玩。
阿里： 去年你怎样庆祝呢？
美芳： 去年我和朋友们去吃大餐。
阿里： 希望你玩得开心。
美芳： 好的，谢谢。

Ālǐ: Měifāng, zhù nǐ shēngrì kuàilè!
Měifāng: xièxie.
Ālǐ: nǐ shì nǎnián chūshēng de?
Měifāng: wǒ shì yī jiǔ jiǔ líng nián chūshēng de.
Ālǐ: nǐ xiǎng zěnyàng qìngzhù shēngrì ne?
Měifāng: jīnnián wǒ yào qǐngjià yī gè xīngqī dào Màn'gǔ qù yóuwán.
Ālǐ: qùnián nǐ zěnyàng qìngzhù ne?
Měifāng: qùnián wǒ hé péngyǒu men qù chī dàcān.
Ālǐ: xīwàng nǐ wán de kāixīn.
Měifāng: hǎo de, xièxie.

LESSON 11 — DATE

Ali: Happy birthday to you, Meifang.
Mei Fang: Thank you.
Ali: What year were you born?
Mei Fang: I was born in 1990.
Ali: How are you going to celebrate your birthday?
Mei Fang: This year, I am thinking of taking one-week leave to visit Bangkok.
Ali: How did you celebrate your birthday last year?
Mei Fang: My friends and I went for a luxurious meal last year.
Ali: Enjoy yourself!
Mei Fang: I will. Thank you.

生词短语
shēngcí duǎnyǔ
New words/phrases

祝	zhù	wish you
生日	shēngrì	birthday
快乐	kuàilè	happy
出生	chūshēng	born
打算	dǎsuàn	plan
庆祝	qìngzhù	celebrate
想	xiǎng	thinking of
请假	qǐngjià	apply for leave
曼谷	Màn'gǔ	Bangkok
游玩	yóuwán	go sight seeing
吃	chī	eat
大餐	dàcān	luxurious meal
希望	xīwàng	hope that
开心	kāixīn	happy

第十一课 — 年、月、日

课文 (二)
kèwén (èr)
Text II

经理： 王老板什么时候到？
秘书： 十一月十七日，下个星期一。
经理： 几点的飞机？
秘书： 下午两点。
经理： 王老板的行程安排好了吗？
秘书： 已经安排好了。十一月十七日晚上是晚宴。十八日到二十日三天是会议。二十一日和二十二日两天是参观工厂。二十三日早上十点的飞机回上海。
经理： 我二十三日那天有事，你通知副经理送机吧。
秘书： 好的。

jīnglǐ: Wáng lǎobǎn shénme shíhou dào?
mìshū: shíyīyuè shíqī rì, xià ge xīngqīyī.
jīnglǐ: jǐ diǎn de fēijī?
mìshū: xiàwǔ liǎng diǎn.
jīnglǐ: Wáng lǎobǎn de xíngchéng ānpái hǎo le ma?
mìshū: yǐjīng ānpái hǎo le. shíyīyuè shíqī rì wǎnshàng shì wǎnyàn. shíbā rì dào èrshí rì sān tiān shì huìyì. èrshíyī rì hé èrshí'èr rì liǎng tiān shì cānguān gōngchǎng. èrshísān rì zǎoshàng shí diǎn de fēijī huí Shànghǎi.
jīnglǐ: wǒ èrshísān rì nà tiān yǒushì, nǐ tōngzhī fùjīnglǐ sòngjī ba.
mìshū: hǎo de.

Manager: When is Mr. Wang coming?
Secretary: 17th November, next Monday.
Manager: What time is the flight?
Secretary: 2 o'clock in the afternoon.
Manager: Have you arranged the itinerary for him?
Secretary: Yes. There will be a dinner on the same evening, three days meeting from 18th to 20th, and two days visits to factories on the 21st and 22nd. He is taking the 10 o'clock flight on the 23rd morning to go back to Shanghai.
Manager: I have something to do on the 23rd. Please inform the deputy manager to send Mr. Wang off at the airport.
Secretary: Yes, sir.

LESSON 11 — DATE

生词短语
shēngcí duǎnyǔ
New words/phrases

到	dào	till, arrive
飞机	fēijī	flight
行程	xíngchéng	itinerary, programme
安排	ānpái	arrange
晚宴	wǎnyàn	dinner (formal)
会议	huìyì	meeting
参观	cānguān	visit
工厂	gōngchǎng	factory
上海	Shànghǎi	Shanghai (China)
通知	tōngzhī	inform
副经理	fùjīnglǐ	deputy manager
送机	sòngjī	send sb. off at airport

课文 (三)
kèwén (sān)
Text III

美芳： 莉敏，为什么上个星期五没有来上课？
莉敏： 我感冒了，头痛又发烧，很不舒服。
美芳： 今天好一些吗？
莉敏： 好多了，谢谢。
美芳： 听说木都也生病了。他已经三天没有来上课。明天我要去看他，你要一起去吗？
莉敏： 好啊！
美芳： 那么，明天早上我等你。
莉敏： 好的。

Měifāng: Lìmǐn, wèishénme shàng gè xīngqīwǔ méiyǒu lái shàngkè?
Lìmǐn: wǒ gǎnmào le, tóutòng yòu fāshāo, hěn bù shūfú.
Měifāng: jīntiān hǎo yīxiē ma?
Lìmǐn: hǎo duō le, xièxie.

第十一课 — 年、月、日

Měifāng: tīngshuō Mùdū yě shēngbìng le. tǎ yǐjīng sān tiān méiyǒu lái shàngkè. míngtiān wǒ yào qù kàn tā, nǐ yào yīqǐ qù ma?
Lìmǐn: hǎo a!
Měifāng: nàme, míngtiān zǎoshàng wǒ děng nǐ.
Lìmǐn: hǎo de.

Mei Fang: Li Min, Why didn't you come to the class last Friday?
Li Min: I caught a cold. I had headache and fever. I was not well.
Mei Fang: Are you feeling better today?
Li Min: I am very much better, thank you.
Mei Fang: I heard that Muthu is ill too. He has been absent from class for three days. I will go to visit him tomorrow. Would you like to come along?
Li Min: Good.
Mei Fang: Then, I shall see you tomorrow morning.
Li Min: Okay.

生词短语
shēngcí duǎnyǔ
New words/phrases

感冒	gǎnmào	catch a cold
头痛	tóutòng	headache
发烧	fāshāo	fever
舒服	shūfú	comfortable
听说	tīngshuō	heard of
好一些	hǎo yīxiē	recover a bit
好多了	hǎo duō le	very much better
看	kàn	see, look, visit

注释
zhùshì
Notes

1. "哪年" is used to ask for year.
   e.g. 你是哪年出生的？ nǐ shì nǎ nián chūshēng de?

87

LESSON 11 — DATE

2. "哪月" is used to ask for month.
   e.g. 你是哪月生日？ nǐ shì nǎ yuè shēngrì ?

3. "号" is normally used to replace "日" in verbal communication.
   e.g. 昨天是三号。 zuótiān shì sān hào.

4. "星期几" is used to ask for day.
   e.g. 今天是星期几？ jīntiān shì xīngqī jǐ?

5. In Chinese, time sequence goes like this:

   - _____ 年 _____ 月 _____ 日 (号)
     _____ nián _____ yuè _____ rì (hào)

   - 星期 _____ 上(下) 午 _____时(点)
     xīngqī _____ shàng (xià) wǔ _____ shí (diǎn)

   e.g. 二零零二年五月十六日，星期二上午九时

练习十一 liànxí shíyī

Exercise 11

日期：_____   分数: __/ 50

1. 读一读并写出下列词语的拼音 (5 分)
   dú yi dú bìng xiě chū xiàliè cíyǔ de pīnyīn
   Read aloud and write down the transliteration

   a. 去年 _____
   b. 今年 _____
   c. 明年 _____
   d. 今天 _____
   e. 昨天 _____
   f. 明天 _____

第十一课 — 年、月、日

    g. 八月 _____

    h. 月 _____

    i. 这个月 _____

    j. 上个月 _____

    k. 星期一 _____

    l. 星期 _____

    m. 上个星期 _____

    n. 下个星期 _____

    o. 这个星期 _____

2. 写出下列的中文名称 (14 分)
   xiě chū xiàliè de zhōngwén míngchēng
   What are these called in Mandarin?

    1. January _____

    2. February _____

    3. March _____

    4. April _____

    5. May _____

    6. Jun _____

    7. July _____

    8. August _____

    9. September _____

    10. October _____

    11. November _____

    12. December _____

LESSON 11 — DATE

13. Monday   _____
14. Tuesday   _____
15. Wednesday   _____
16. Thursday   _____
17. Friday   _____
18. Sunday   _____
19. Saturday   _____
20. yesterday   _____
21. today   _____
22. tomorrow   _____
23. last year   _____
24. this year   _____
25. next year   _____
26. last week   _____
27. this week   _____
28. next week   _____

3. 是非题。如果不对，请写出正确的答案。(10分)
   shìfēití. Rúguǒ bùduì, qǐng xiě chū zhèngquè de dá'àn
   True (√) or false (×). Write down the correct answer if it is false

   例：今天是星期三，明天是星期五。·················· (×)
   　　　　答案：<u>星期四</u>

   a. 昨天是星期一，今天是星期二。·················· ( )
   　　　　答案：_____

90

b. 明天是星期日，昨天是星期三。⋯⋯⋯⋯⋯⋯⋯⋯（　）

　　　答案：_____

c. 今年是一九八八年，明年是一九八七年。⋯⋯⋯⋯（　）

　　　答案：_____

d. 上个月是七月，这个月是八月。⋯⋯⋯⋯⋯⋯⋯⋯（　）

　　　答案：_____

e. 下个月是十一月，这个月是十月。⋯⋯⋯⋯⋯⋯⋯（　）

　　　答案：_____

f. 五月一日是圣诞节。⋯⋯⋯⋯⋯⋯⋯⋯⋯⋯⋯⋯⋯（　）

　　　答案：_____

g. 一年有三百六十五天。⋯⋯⋯⋯⋯⋯⋯⋯⋯⋯⋯⋯（　）

　　　答案：_____

h. 6 December 2010 ⇒ 二零一零年十二月六日⋯⋯⋯（　）

　　　答案：_____

i. 29 May ⇒ 五月二十九日。⋯⋯⋯⋯⋯⋯⋯⋯⋯⋯（　）

　　　答案：_____

j. 1-10-1976 ⇒ 十月一日一九七六年。⋯⋯⋯⋯⋯⋯（　）

　　　答案：_____

LESSON 11 — DATE

4. 填充 (7 分)
   tiánchōng
   Fill in the blanks

   a. 今天是 _____ 年 _____ 月 _____ 日。
   b. 今天是星期三，明天是 _____。
   c. 上个月是十月，下个月是 _____。
   d. 这个月是三月，上个月是 _____。
   e. 明年是一八四五年，去年是 _____。
   f. 今天是星期日，明天是 _____。
   g. 昨天是星期四，今天是 _____。
   h. 这个月是七月，下个月是_____。
   i. 明天是星期一，昨天是 _____。
   j. 去年是一九九九年，明年是_____。
   k. 今年是一九九七年，明年是 _____ 年。
   l. 去年是一九六六年，今年是 _____ 年。
   m. 今年是一五六四年，去年是 _____ 年。
   n. 明年是一七八零年，今年是 _____ 年。

5. 根据课文 (一) 将对的句子画 (√)，错的句子画 (✗)(4 分)
   gēnjù kèwén (yī) jiāng duì de jùzi huà (√), cuò de jùzi huà (✗)
   Base on text I, put a (√) to the true statement and a (✗) to the false statement.

   a. 今天是阿里的生日。 ··· (   )
   b. 美芳是一九八零年出生的。 ································· (   )
   c. 美芳想请假一个星期到曼谷去。 ························· (   )

92

d. 去年美芳和朋友们去吃大餐。⋯⋯⋯⋯⋯⋯⋯（　）

6. 根据课文(二)将对的句子画(√)，错的句子画(×)(5分)
   gēnjù kèwén (èr) jiāng duì de jùzi huà (√), cuò de jùzi huà (×)
   Base on text II, put a (√) to the true statement and a (×) to the false statement.

   a. 王老板下个星期一下午两点到。⋯⋯⋯⋯⋯（　）
   b. 十一月十七日，王老板有会议。⋯⋯⋯⋯⋯（　）
   c. 十一月二十一日和二十二日，王老板参观工厂。⋯（　）
   d. 经理二十三日回上海。⋯⋯⋯⋯⋯⋯⋯⋯（　）
   e. 副经理二十三日那天有事。⋯⋯⋯⋯⋯⋯（　）

7. 根据课文(三)将对的句子画(√)，错的句子画(×)(5分)
   gēnjù kèwén (sān) jiāng duì de jùzi huà (√), cuò de jùzi huà (×)
   Base on text III, put a (√) to the true statement and a (×) to the false statement.

   a. 美芳上个星期五没有来上课。⋯⋯⋯⋯⋯（　）
   b. 莉敏感冒了。⋯⋯⋯⋯⋯⋯⋯⋯⋯⋯⋯（　）
   c. 木都也生病了。⋯⋯⋯⋯⋯⋯⋯⋯⋯⋯（　）
   d. 明天早上美芳和莉敏一起去看木都。⋯⋯⋯（　）
   e. 木都已经三天没有来上课。⋯⋯⋯⋯⋯⋯（　）

第十二课　天气
dì shí'èr kè　tiānqì
Lesson 12　How is the weather

学习重点
xuéxí zhòngdiǎn
Focus of learning

晴	qíng	sunny
雨	yǔ	rainy
热	rè	hot
冷	lěng	cold
温暖	wēnnuǎn	warm and nice
凉爽	liángshuǎng	cool and nice

课文（一）
kèwén (yī)
Text I

a. 今天天气很好。

b. 上个星期很热。

c. 这里是热带，每天都很热。

d. 昨天晴天，天气很热。

e. 昨天晚上下雨，天气很冷。

f. 二月到四月是春天，天气很温暖。

g. 五月到七月是夏天，天气很热。

h. 八月到十月是秋天，天气很凉爽。

i. 十一月到一月是冬天，天气很冷。

第十二课 — 天气

a. jīntiān tiānqì hěn hǎo
b. shànggè xīngqī hěn rè.
c. zhèli shì rèdài, měitiān dōu hěn rè.
d. zuótiān qíngtiān, tiānqì hěn rè.
e. zuótiān wǎnshàng xiàyǔ, tiānqì hěn lěng.
f. èryuè dào sìyuè shì chūntiān, tiānqì hěn wēnnuǎn.
g. wǔyuè dào qīyuè shì xiàtiān, tiānqì hěn rè.
h. bāyuè dào shíyuè shì qiūtiān, tiānqì hěn liángshuǎng.
i. shíyīyuè dào yīyuè shì dōngtiān, tiānqì hěn lěng.

a. The weather is fine today.
b. It was very hot last week.
c. Here is tropics. It is hot everyday.
d. It was a sunny day yesterday. The weather was very hot.
e. Last night it rained. The weather was very cold.
f. February to April is spring. The weather is warm and nice.
g. May to July is summer. The weather is hot.
h. August to October is autumn. The weather is cool and nice.
i. November to January is winter. The weather is cold.

生词短语
shēngcí duǎnyǔ
New words/phrases

热带	rèdài	tropics
每天	měitiān	everyday
春天	chūntiān	spring
夏天	xiàtiān	summer
秋天	qiūtiān	autumn
冬天	dōngtiān	winter

课文 (二)
kèwén (èr)
Text II

王太太：李小姐，吃饱了吗？
李小姐：还没有呢！最近天气很热，我没有胃口吃东西。

LESSON 12 — HOW IS THE WEATHER

王太太：对呀！已经一个月没有下雨了。
李小姐：白天太热了，天空一片云也没有。晚上也一样。太阳下山了，天气也没凉爽一些。
王太太：你要多喝水，不要因此而生病了。

Wáng tàitai: Lǐ xiǎojie, chī bǎo le ma?
Lǐ xiǎojie: hái méiyǒu ne! zuìjīn tiānqì hěn rè, wǒ méiyǒu wèikǒu chī dōngxi.
Wáng tàitai: duì ya! yǐjīng yī gè yuè méiyǒu xiàyǔ le.
Lǐ xiǎojie: báitiān tài rè le, tiānkōng yī piàn yún yě méiyǒu. wǎnshàng yě yī yàng. tàiyáng xiàshān le, tiānqì yě méi liángshuǎng yīxiē.
Wáng tàitai: nǐ yào duō hē shuǐ, bùyào yīncǐ ér shēngbìng le.

Mrs. Wang: Miss Li, have you taken your meal?
Miss Li: Not yet. It is very hot recently. I have no appetite to eat.
Mrs. Wang: Exactly! It has not rained for a month already.
Miss Li: It is too hot in the day time. There is no cloud in the sky. It is the same at night. The sun has set but the weather does not become cooler.
Mrs.Wang: You have to drink more water. Don't get sick because of this.

生词短语
shēngcí duǎnyǔ
New words/phrases

饱	bǎo	full
最近	zuìjīn	recently
胃口	wèikǒu	appetite
东西	dōngxi	thing
对	duì	correct
白天	báitiān	day time
天空	tiānkōng	sky
一片	yī piàn	a piece (cloud)
云	yún	cloud

一样	yīyàng	same
太阳	tàiyáng	sun
下山	xiàshān	(sun) set
喝	hē	drink
水	shuǐ	water
因此而	yīncǐ ér	because of, so

练习十二 liànxí shí'èr

Exercise 12

日期：_____   分数: _/ 50

1. 替换练习 (5 分)
   tìhuàn liànxí
   Substitution drills

今天天气	很	凉爽 温暖 冷 热 好

   a. _____
   b. _____
   c. _____
   d. _____
   e. _____

LESSON 12 — HOW IS THE WEATHER

2. 写出下列词语的意思 (20 分)
   xiě chū xiàliè cíyǔ de yìsì
   Write down the meaning of the following words

   a. 晴天 _____
   b. 下雨 _____
   c. 冷 _____
   d. 热 _____
   e. 温暖 _____
   f. 凉爽 _____
   g. 热带 _____
   h. 春天 _____
   i. 夏天 _____
   j. 秋天 _____
   k. 冬天 _____
   l. 饱 _____
   m. 胃口 _____
   n. 天空 _____
   o. 白天 _____
   p. 云 _____
   q. 太阳 _____
   r. 东西 _____
   s. 最近 _____
   t. 下山 _____

3. **根据课文 (一) 填充 (5 分)**
   gēnjù kèwén (yī) tiánchōng
   Base on text I, fill in the blanks

   a. 这里是 _____，每天都很热。

   b. 昨天晚上 _____，天气很冷。

   c. 昨天晴天，天气很 _____。

   d. 二月到四月是 _____。

   e. 八月到十月是秋天，天气很 _____。

4. **根据课文 (二) 填充 (16 分)**
   gēnjù kèwén (èr) tiánchōng
   Base on text II, fill in the blanks

   王太太：李小姐，_____ 了吗？

   李小姐：_____ 没有呢！_____ 天气很 _____，我没有 _____ 吃东西。

   王太太：对呀！已经一个 _____ 没有 _____ 了。

   李小姐：_____ 太热了，天空 _____ _____ 也没有。晚上 _____ 一样。太阳 _____ 了，_____ 也没 _____ 一些。

   王太太：你要多 _____，不要因此而 _____ 了。

5. 在没有关联的词语上画 "✗" (4分)
   zài méiyǒu guānlián de cíyǔ shàng huà "✗"
   Cross out the irrelevant word in term of the meaning in group

例子	爸爸	妈妈	~~假期~~	哥哥	姐姐
a.	春天	夏天	秋天	明天	冬天
b.	风	冷	凉爽	热	温暖
c.	二月	四月	五月	七月	热带
d.	昨天	很好	上个星期	今天	明天
e.	云	雨	太阳	阿里	月
f.	中午	早上	晚上	喝茶	下午
g.	一百	新加坡	吉隆坡	曼谷	马六甲
h.	医生	小贩	八元	邮差	农夫

第十三课　颜色
dì shísān kè　yánsè
Lesson 13　Colours

学习重点
xuéxí zhòngdiǎn
Focus of learning

红	hóng	red
橙	chéng	orange
黄	huáng	yellow
绿	lǜ	green
蓝	lán	blue
紫	zǐ	purple
白	bái	white
黑	hēi	black
褐	hè	brown
粉红	fěnhóng	pink
浅青	qiǎnqīng	light green
灰	huī	grey

课文 (一)
kèwén (yī)
Text I

　　农历新年快到了，妈妈带妹妹去买新衣。妹妹选了一件黑色的衣服和裙子。妈妈说，过年时不要穿黑色的衣服。妹妹只好选了一件红色的裙子。妈妈自己也买了一双白色的鞋子。大家过一个快乐年。

LESSON 13 — COLOURS

nónglì xīnnián kuài dào le, māma dài mèimei qù mǎi xīnyī. mèimei xuǎn le yī jiàn hēisè de yīfú hé qúnzi. māma shuō, guònián shí bùyào chuān hēisè de yīfú. mèimei zhǐhǎo xuǎn le yī jiàn hóngsè de qúnzi. māma zìjǐ yě mǎi le yī shuāng báisè de xiézi. dàjiā guò yī gè kuàilè nián.

The Chinese New Year is just round the corner. Mother brought younger sister to buy some clothes. Younger sister chose a black blouse and skirt. Mother said it would not be good to wear black coloured clothes during Chinese New Year. So, younger sister had to choose a red skirt. Mother also bought a pair of white shoes for herself. Everyone is looking forward to a happy New Year.

生词短语
shēngcí duǎnyǔ
New words/phrases

农历新年	nónglì xīnnián	Chinese New Year
快	kuài	fast
买	mǎi	buy
新	xīn	new
选	xuǎn	choose
衣服	yīfú	cloth
和	hé	and
裙子	qúnzi	skirt
说	shuō	say
穿	chuān	wear
自己	zìjǐ	oneself
双	shuāng	pair (shoes)
鞋子	xiézi	shoes

第十三课 — 颜色

课文 (二)
kèwén (èr)
Text II

我爱大自然

我爱大自然。你看,蓝色的天、白色的云、绿色的草。草场上,黑羊在吃草,红衣灰裤的学生在玩耍,黄色的小鸟在歌唱。我说,大自然就是一幅画。

wǒ ài dàzìrán

wǒ ài dàzìrán. nǐ kàn, lánsè de tiān, báisè de yún, lǜsè de cǎo. cǎocháng shàng, hēiyáng zài chī cǎo, hóngyī huīkù de xuéshēng zài wánshuǎ, huángsè de xiǎoniǎo zài gēchàng. wǒ shuō, dàzìrán jiùshì yī fú huà.

I love nature

I love nature. Look at the blue sky, white cloud, and green grass. There are black goats grazing in the field. Students in red shirts and grey pants are having fun. Little yellow birds are singing. I say, nature is like a beautiful painting.

生词短语
shēngcí duǎnyǔ
New words/phrases

爱	ài	love
大自然	dàzìrán	nature
草	cǎo	grass
草场	cǎocháng	field
裤	kù	pants
玩耍	wánshuǎ	play
小鸟	xiǎoniǎo	little bird
歌唱	gēchàng	sing
幅	fú	piece (picture)
画	huà	picture, drawing

LESSON 13 — COLOURS

练习十三 liànxí shísān

Exercise 13

日期：_____   分数：_/ 50

1. 读一读，并写出下列词语的拼音 (10 分)
   dú yi dú, bìng xiě chū xiàliè cíyǔ de pīnyīn
   Read aloud the words and write down the transliteration

   a. 红 _____
   b. 蓝 _____
   c. 灰 _____
   d. 青 _____
   e. 黄 _____
   f. 白 _____
   g. 黑 _____
   h. 紫 _____
   i. 橙 _____
   j. 粉红 _____
   k. 褐 _____
   l. 浅青 _____
   m. 买 _____
   n. 双 _____
   o. 衣服 _____
   p. 裙子 _____

第十三课 — 颜色

    q. 新年 _____

    r. 鞋子 _____

    s. 新衣 _____

    t. 浅蓝 _____

2. 写出下列的中文名称 (12 分)
   xiě chū xiàliè de zhōngwén míngchēng
   What are these colours called in Mandarin?

    a. red _____

    b. orange _____

    c. yellow _____

    d. green _____

    e. blue _____

    f. purple _____

    g. white _____

    h. black _____

    i. brown _____

    j. pink _____

    k. light green _____

    l. grey _____

3. 写出下列词语的意思 (15 分)
   xié chū xiàliè cíyǔ de yìsì
   Write down the meaning of the following words

    a. 裙子 _____

    b. 衣服 _____

LESSON 13 — COLOURS

c. 新年　_____

d. 鞋子　_____

e. 穿　_____

f. 买　_____

g. 大自然　_____

h. 玩耍　_____

i. 歌唱　_____

j. 一幅画　_____

k. 草场　_____

l. 裤　_____

m. 小鸟　_____

n. 绿色　_____

o. 看　_____

4. 根据课文 (一) 填充 (7 分)
   gēnjù kèwén (yī) tiánchōng
   Fill in the blanks according to text I

   农历 (　)(　) 快到了，妈妈带 (　)(　) 去买新衣。

   妹妹选了一件 (　)(　) 的衣服和裙子。妈妈说 (　)(　) 时不要穿黑色的 (　)(　)。妹妹只好选了一条 (　)(　) 的裙子。另外，妈妈自己也买了一双 (　)(　) 的鞋子。

5. 根据课文 (二) 回答问题 (6 分)
 gēnjù kèwén (èr) huídá wèntí
 Answer the questions base on text II

    a. 天空是什么颜色？ _____

    b. 云是什么颜色？ _____

    c. 草是什么颜色？ _____

    d. 学生的裤子是什么颜色？ _____

    e. 草场上的羊是什么颜色？ _____

    f. 小鸟是什么颜色？ _____

第十四课　　你想吃什么
dì shísì kè　　nǐ xiǎng chī shénme
Lesson 14　What do you want to eat

学习重点
xuéxí zhòngdiǎn
Focus of learning

吃	chī	eat
早餐	zǎocān	breakfast
午餐	wǔcān	lunch
晚餐	wǎncān	dinner
中餐	zhōngcān	Chinese food
西餐	xīcān	Western food
马来餐	mǎláicān	Malay food
饭	fàn	rice
粥	zhōu	porridge
面	miàn	noodle
汤	tāng	soup
肉	ròu	meat
菜	cài	vegetable

课文（一）
kèwén (yī)
Text I

小梅：小丽，你想吃什么？
小丽：我想吃面。
小梅：我也想吃面。

第十四课 — 你想吃什么

Xiǎoméi: Xiǎolì, nǐ xiǎng chī shénme?
Xiǎolì: wǒ xiǎng chī miàn.
Xiǎoméi: wǒ yě xiǎng chī miàn.

Xiao Mei: Xiao Li, what do you want to eat?
Xiao Li: I want to eat noodle.
Xiao Mei: I want to eat noodle too.

课文（二）
kèwén (èr)
Text II

马末：我很饿。我想吃饭。
哈山：你想吃马来餐吗？
马末：是的，我想吃炒饭。
哈山：我想吃西餐。我想喝汤。

Mǎmò: wǒ hěn è. wǒ xiǎng chī fàn.
Hāshān: nǐ xiǎng chī mǎláicān ma?
Mǎmò: shì de, wǒ xiǎng chī chǎofàn.
Hāshān: wǒ xiǎng chī xīcān. wǒ xiǎng hē tāng.

Mahmud: I am hungry. I want to eat rice.
Hassan: Do you want to eat Malay food?
Mahmud: Yes. I want to eat fried rice.
Hassan: I want to eat western food. I want to have some soup.

课文（三）
kèwén (sān)
Text III

马末：哈林，你想吃什么？
哈林：我不想吃。我还饱。我只想喝水。

Mǎmò: Hālín, nǐ xiǎng chī shénme?
Hālín: wǒ bù xiǎng chī. wǒ hái bǎo. wǒ zhǐ xiǎng hēshuǐ.

Mahmud: Halim, what do you want to eat?
Halim: I do not want to eat. I am still full. I just want to drink some water.

LESSON 14 — WHAT DO YOU WANT TO EAT

课文（四）
kèwén (sì)
Text IV

马末：你想吃西餐吗？
木都：这里的西餐不好吃。
马末：那么，你想吃什么？
木都：我想吃一点饭，再叫一些肉和青菜。
马末：这里的马来餐很辣。
木都：没关系。我喜欢吃辣。

Mǎmò: nǐ xiǎng chī xīcān ma?
Mùdū: zhèli de xīcān bù hǎochī.
Mǎmò: nàme, nǐ xiǎng chī shénme?
Mùdū: wǒ xiǎng chī yī diǎn fàn, zài jiào yīxiē ròu hé qīngcài.
Mǎmò: zhèli de mǎláicān hěn là.
Mùdū: méiguānxì. wǒ xǐhuān chī là.

Mahmud: Would you like to eat Western food?
Muthu: The Western food here is not delicious.
Mahmud: Then, what do you want to eat?
Muthu: I want to eat some rice, and order some meat and vegetable.
Mahmud: The Malay food here is very spicy.
Muthu: Never mind. I like spicy food.

生词短语
shēngcí duǎnyǔ
New words/phrases

饿	è	hungry
炒	chǎo	fry
好吃	hǎochī	tasty, delicious
叫	jiào	order
一点	yī diǎn	a little bit
一些	yī xiē	some
喜欢	xǐhuān	like
辣	là	spicy

第十四课 — 你想吃什么

练习十四 liànxí shísì
Exercise 14

日期：_____   分数: __/ 50__

1. 读一读并写出下列拼音 (15 分)
   dú yi dú bìng xiěchū xiàliè pīnyīn
   Read the following words and phrases, then write down the transliteration

   a. 吃 _____
   b. 饭 _____
   c. 粥 _____
   d. 面 _____
   e. 肉 _____
   f. 菜 _____
   g. 炒饭 _____
   h. 喝 _____
   i. 饱 _____
   j. 水 _____
   k. 辣 _____
   l. 关系 _____
   m. 餐 _____
   n. 喜欢 _____
   o. 饿 _____

111

LESSON 14 — WHAT DO YOU WANT TO EAT

2. 写出下列词语的意思 （15 分）
   xiéchū xiàliè cíyǔ de yìsì
   Write down the meaning of the following words

   a. 早餐 _____

   b. 午餐 _____

   c. 晚餐 _____

   d. 中餐 _____

   e. 西餐 _____

   f. 马来餐 _____

   g. 饭 _____

   h. 粥 _____

   i. 面 _____

   j. 肉 _____

   k. 汤 _____

   l. 青菜 _____

   m. 炒饭 _____

   n. 喝水 _____

   o. 辣 _____

第十四课 — 你想吃什么

3. **替换练习 (6 分)**
   tìhuàn liànxí
   Substitution drills

   你想吃什么？

我想	吃饭 吃粥 喝汤 喝水 吃中餐 吃炒面

   a. _____
   b. _____
   c. _____
   d. _____
   e. _____
   f. _____

4. **玛丽应该怎么说？(5 分)**
   Mǎlì yīnggāi zěnme shuō?
   What should Mary say?

   a. 马末：你饿吗？
      玛丽：_____

   b. 马末：你想吃什么？
      玛丽：_____

   c. 马末：这里的西餐不好吃。
      玛丽：_____

LESSON 14 — WHAT DO YOU WANT TO EAT

    d. 马末：这里的马来餐很辣。

       玛丽：_____

    e. 马末：你要吃中餐吗？

       玛丽：_____

5. 造句 (9 分)
   zàojù
   Construct sentences

    例 i：我喜欢<u>吃西餐</u>，也喜欢<u>吃中餐</u>。
    例 ii：我喜欢<u>吃饭</u>，但是不喜欢<u>吃粥</u>。

    a. _____
    b. _____
    c. _____
    d. _____
    e. _____
    f. _____
    g. _____
    h. _____
    i. _____

第十五课　留言
dì shíwǔ kè　liú yán
Lesson 15　Leave message

课文（一）
kèwén (yī)
Text I

莉敏：
我来找你。你不在。我明天早上八点再来找你。请你等我。谢谢。

哈林
十月十四日
早上十点

Lìmǐn:
　　wǒ lái zhǎo nǐ. nǐ bù zài. wǒ míngtiān zǎoshàng bā diǎn zài lái zhǎo nǐ. qǐng nǐ děng wǒ. xièxie.

Hālín
shí yuè shísì rì
zǎoshàng shí diǎn

Li Min,
　　I came to see you but you were not in. I will come again tomorrow at 8 am. Please wait for me. Thank you.

Halim
14 October, 10 am

115

LESSON 15 — LEAVE MESSAGE

课文 (二)
kèwén (èr)
Text II

> 王经理：
> 　　上海公司经理李先生请你回电。他的手机号码是 012－5786390。 谢谢。
>
> 小丽
一月二日
下午三点半

> Wáng jīnglǐ:
> 　　Shànghǎi gōngsī jīnglǐ Lǐ xiānsheng qǐng nǐ huídiàn. tā de shǒujī hàomǎ shì líng yī èr – wǔ qī bā liù sān jiǔ líng. xièxie.
>
> Xiǎolì
yī yuè èr rì
xiàwǔ sān diǎn bàn

> Mr. Wang,
> 　　Mr. Li, the manager of Shanghai Company asked you to call back. His handphone number is 012-5786390. Thank you.
>
> Xiao Li
2 January, 3.30pm

课文 (三)
kèwén (sān)
Text III

> 我有事出去，很快就回来。有事请留言。
>
> 马末
五月二十六日
中午十二点

116

第十五课 — 留言

wǒ yǒushì chūqù, hěnkuài jiù huílái. yǒushì qǐng liúyán.
Mǎmò
wǔ yuè èrshíliù rì
zhōngwǔ shí'èr diǎn

I am out but will come back soon. Please leave message if necessary.
Mahmud
26 May, 12 noon

课文 (四)
kèwén (sì)
Text IV

哈山先生：
请把你的资料传真给王经理。他的传真号码是 2943838.
或寄到：
Suite 1522, Level 15, Twin Tower
Kuala Lumpur, Malaysia
李秘书
七月十日
早上九点

Hāshān xiānsheng:
qǐng bǎ nǐ de zīliào chuánzhēn gěi Wáng jīnglǐ. tā de chuánzhēn hàomǎ shì èr jiǔ sì sān bā sān bā. huò jì dào:
Suite 1522, Level 15, Twin Tower
Kuala Lumpur, Malaysia
Lǐ mìshū
qī yuè shí rì
zǎoshàng jiǔ diǎn

117

LESSON 15 — LEAVE MESSAGE

> Mr. Hassan,
>   Please fax your data to Mr. Wang. His fax number is 2943838. Or send it to:
>   Suite 1522, Level 15, Twin Tower
>   Kuala Lumpur, Malaysia
>
> Miss Li
10 July, 9 am

课文 (五)
kèwén (wǔ)
Text V

> 小梅：
>   今晚七点半公司有晚宴。我不回来吃晚餐。我可能很迟才回家。你先睡吧。不用等我。
>
> 家明
十二月三十日
早上六点半

> Xiǎoméi:
>   jīnwǎn qī diǎn bàn gōngsī yǒu wǎnyàn. wǒ bù huílái chī wǎncān. wǒ kěnéng hěn chí cái huíjiā. nǐ xiān shuì ba. bùyòng děng wǒ.
>
> Jiāmíng
Shí'èryuè sānshí rì
zǎoshàng liù diǎn bàn

> Xiao Mei:
>   There is a company's dinner tonight at 7.30pm. I am not coming home for dinner. I may come back very late. You go to bed first. Do not have to wait for me.
>
> Jia Ming
30 December, 6.30am

第十五课 — 留言

生词短语
shēngcí duǎnyǔ
New words/phrases

来	lái	come
找	zhǎo	look for
回电	huídiàn	return call
手机	shǒujī	handphone
号码	hàomǎ	numbers
传真	chuánzhēn	fax
寄到	jì dào	post to
可能	kěnéng	may be
迟	chí	late
先	xiān	first
睡	shuì	sleep
不用	bùyòng	don't need

练习十五 liànxí shíwǔ
Exercise 15

日期：_____   分数：__/50

1. 解释下列词语 (10 分)
   jiěshì xià liè cíyǔ
   What do the following words/ phrases mean?

   a. 再来 _____

   b. 手机号码 _____

   c. 传真 _____

   d. 寄到 _____

   e. 很迟 _____

   f. 回家 _____

119

LESSON 15 — LEAVE MESSAGE

    g. 吃晚餐 _____

    h. 找你 _____

    i. 或 _____

    j. 等我 _____

2. 中文怎么说 (10 分)
   zhōngwén zěnme shuō?
   How do you say these in Mandarin?

   a. Please wait for me _____

   b. Please return call _____

   c. Please leave message if necessary _____

   d. I will come back soon _____

   e. I may come back home very late _____

   f. Please go to bed first _____

   g. I'll look for you again _____

   h. I came to see you _____

   i. I am not coming back for dinner _____

   j. 7.30pm tonight _____

3. 根据课文 (一) 回答问题 (6 分)
   gēnjù kèwén (yī) huídá wèntí
   Answer the following questions base on text I

   a. 哈林什么时候去找莉敏?

   _____

   b. 莉敏在家吗?

   _____

第十五课 — 留言

   c. 哈林什么时候再去找莉敏？

   _____

4. 根据课文 (二) 回答问题 (6 分)
   gēnjù kèwén (èr) huídá wèntí
   Answer the following questions base on text II

   a. 小丽留言给谁？

   _____

   b. 谁请王经理回电？

   _____

   c. 012－5786390 是不是小丽的手机号码？

   _____

5. 根据课文 (三) 回答问题 (6 分)
   gēnjù kèwén (sān) huídá wèntí
   Answer the following questions base on text III

   a. 马末为什么出去？

   _____

   b. 他什么时候出去？

   _____

   c. 他什么时候回来？

   _____

6. 根据课文 (四) 回答问题 (6 分)
   gēnjù kèwén (sì) huídá wèntí
   Answer the following questions base on text IV

   a. 李秘书请谁把资料传真给王经理？

   _____

LESSON 15 — LEAVE MESSAGE

b. 王经理的传真号码是几号?

_____

c. 王经理的公司在哪里?

_____

7. 根据课文 (五) 回答问题 (6 分)
   gēnjù kèwén (wǔ) huídá wèntí
   Answer the following questions base on text V

   a. 家明留言给谁?

   _____

   b. 为什么家明不回来吃晚餐?

   _____

   c. 家明什么时候才回家?

   _____

笔顺表
bǐshùn biǎo
Table of Stroke Order

A

a	阿	丨阝阿阿阿阿	bǎo	饱 ノ 𠂊 𠂉 𮥶 饣 饣 饣 饱 饱
ài	爱	一 𠃌 𠂆 𠂉 𠂎 𠂇 严 爫 爫 爫 爫 爫 爫	běn	本 一 十 才 木 本
ān	安	丶 丷 宀 宁 安 安	bǐ	笔 ノ 𠂉 𠂉 𠂉 𥫗 竹 竺 竺 笔
			bì	币 一 𠂆 𠂆 币
B			biàn	便 ノ 亻 𠂉 𠂉 仁 仃 便 便
ba	吧 丨 冂 冂 𠮛 𠮝 𠮞 吧		bié	别 丶 冂 口 𠮛 另 别 别
bā	八 ノ 八		bìng	病 丶 一 广 广 疒 疒 疒 病 病 病
bǎ	把 一 十 才 𠂉 𠂉 𠂉 把		bù	不 一 丆 不 不
bà	爸 ノ 八 𠂉 父 𠂉 爸 爸			
bái	白 ノ 亻 𠂉 白 白		**C**	
bǎi	百 一 𠂉 𠂉 百 百 百		cā	擦 一 十 扌 扌 扌 扩 扩 扩 护 护 挤 挤 搾 擦 擦 擦
bǎn	板 一 十 才 木 𣏌 板 板 板		cái	才 一 十 才
bàn	半 丶 丷 丷 丷 半		cài	菜 一 十 艹 艹 艹 芢 芣 莱 菜
bǎo	宝 丶 丷 宀 宁 宁 宝 宝		cān	餐 丶 𠂉 𠂉 歺 𫩏 𫩏 𫩏 𫩏 餐 餐 餐 餐

123

TABLE OF BRUSH STROKES

cān	参	丶 亠 亼 乒 夫 叅 参 参	chuān	穿	丶 冖 宀 宊 宊 窄 穿 穿
cǎo	草	一 十 艹 艹 茍 芦 苩 苩 草	chuán	传	丿 亻 亻 伀 传 传
chá	茶	一 十 艹 艹 艾 茶 茶 茶	chūn	春	一 二 三 丰 夫 表 春 春 春
chá	察	丶 冖 宀 宀 宀 宀 宀 宵 宵 察 察	cí	词	丶 讠 讧 订 词 词 词
chāi	差	丶 丷 ⺷ 兰 羊 差 差 差	cǐ	此	丨 𠄌 ⺊ ⺊ 此 此
chǎng	场	一 十 土 圹 场 场	cì	次	丶 冫 冫 汄 汄 次
chǎng	厂	一 厂			
chàng	唱	丨 口 口 叫 唱 唱 唱 唱 唱	**D**		
chǎo	炒	丶 丷 ⺌ 火 炒 炒 炒 炒	dǎ	打	一 十 扌 扌 打
chéng	成	一 厂 厂 成 成 成	dà	大	一 ナ 大
chéng	橙	一 十 才 木 木 木 木 木 枂 枠 榁 橙 橙 橙	dài	带	一 十 卅 卅 卅 带 带 带
chéng	程	一 二 千 千 禾 禾 和 和 程 程 程	dàn	诞	丶 讠 讠 讧 讦 诞 诞
chī	吃	丨 𠂎 口 口 吒 吃	dàn	旦	丨 冂 口 日 旦
chí	迟	𠃍 コ 尸 尺 尺 识 迟	dào	到	一 工 工 至 至 到 到
chǐ	尺	𠃍 コ 尸 尺	dé	得	丿 彳 彳 彳 彳 彳 彳 得 得
chū	出	ㄴ ㄴ 凵 屮 出 出	de	的	丿 亻 白 白 白 的 的
			děng	等	丿 𠂉 ⺮ ⺮ ⺮ ⺮ 等 等 等

124

笔顺表

dì	地 一十土扣地地		**F**		
dì	弟 丶丷㳋㳋弟弟		fā	发 一ナ方发发
dì	第 𠂉𠂉𠂉𠂉竹 竹笃第第		fàn	饭 丿𠂉饣饣饣饭饭
			fàn	贩 丨冂贝贝贝贩贩
diǎn	点 丨卜⺊占占点 点点		fāng	芳 一艹艹艹芳芳
diàn	电 丨冂曰日电		fāng	方 丶亠方方
dōng	东 一七车东东		fáng	防 ⻖阝阝阝防防
dōng	冬 丿ㄅ夂冬冬		fēi	飞 乛飞飞
dòng	动 一二云云云动		fēn	分 丿八今分
dōu	都 一十土耂耂者者 者都都		fěn	粉 丶丷二半米米 粉粉粉
duì	对 又又对对		fū	夫 一二丰夫
duō	多 丿ㄅ夕夕多多		fú	服 丿丿月月服服 服
			fú	幅 丨冂巾巾巾巾 幅幅幅幅
E			fù	副 一一三亩亩 亩亩副副
è	饿 丿𠂉饣饣饣饣 饿饿饿			
ér	儿 丿儿		**G**	
ér	而 一丆丆丙而而			
èr	二 一二		gǎn	感 一厂厂斤后后咸 咸咸咸感感感

TABLE OF BRUSH STROKES

gāng	刚	丨 冂 刀 冈 刚 刚
gē	哥	一 一 一 一 一 可 豆 哥 哥 哥 哥
gē	歌	一 一 一 一 一 可 哥 哥 哥 哥 哥 歌 歌 歌
gè	个	丿 人 个
gè	各	丿 ク 夂 冬 各 各
gěi	给	乙 幺 纟 纠 纵 丝 丝 给 给 给
gōng	工	一 丁 工
gōng	公	丿 八 公 公
gòng	共	一 十 廾 卄 共 共
gòu	够	丿 勹 勹 句 句 句 句 够 够 够 够
gǔ	谷	丿 八 父 父 谷 谷
guān	关	丶 丷 丷 兰 关 关
guān	观	乛 又 刈 对 观 观
guì	瑰	一 二 千 王 玎 玎 玎 珀 珀 琊 瑰 瑰 瑰
guì	贵	丶 丨 口 虫 虫 虫 贵 贵 贵
guó	国	丨 冂 冂 冃 用 国 国 国

H

hā	哈	丨 冂 口 叭 叭 哈 哈 哈 哈
hái	孩	乛 了 了 孑 孓 孩 孩 孩 孩
hái	还	一 丆 才 不 不 还 还
hǎi	海	丶 丶 氵 汀 汁 氿 海 海 海 海
hàn	汉	丶 丶 氵 汉 汉
hào	号	丶 冂 口 号 号
hǎo	好	乚 女 女 女 好 好
hē	喝	丨 冂 口 叭 叺 喝 喝 喝 喝 喝
hé	和	一 二 千 禾 禾 禾 和 和
hè	褐	丶 丆 ネ 衤 衤 衤 衤 褐 褐 褐 褐 褐 褐
hēi	黑	丨 冂 冂 冃 曰 甲 甲 里 里 黑 黑 黑
hěn	很	丿 夕 彳 彳 彳 彳 很 很 很
hóng	红	乙 幺 纟 纠 红 红
hòu	候	丿 亻 亻 亻 伫 伫 伫 候 候 候

126

笔顺表

拼音	字	笔顺	拼音	字	笔顺
hú	胡	一十十古古古胡胡胡	jì	寄	丶丶宀宀宀宀寍寄寄寄
hù	护	一丁扌扩护护	jiā	家	丶丶宀宀宀宀宇宇家家
huā	花	一十艹艹芢花花	jiā	加	フカ加加加
huá	华	ノ亻化化华华	jiǎ	甲	丨冂冂日甲
huà	画	一一一一一一一画画	jià	假	ノ亻个个俨俨假假假
huān	欢	フ又ヌ欢欢欢	jià	价	ノ亻亻价价价
huáng	黄	一十艹艹共昔昔苗苗黄黄	jiān	间	丶丨门门间间间
huī	灰	一ナ大太灰灰	jiàn	见	丨冂贝见
huí	回	丨冂冂回回回	jiàn	件	ノ亻亻仁件件
hūn	婚	乀女女女妡妡妡婚婚婚	jiǎng	讲	丶丶讠讠讲讲
huò	或	一一一一可或或或	jiāo	教	一十土尹耂耂耂教教教
			jiāo	胶	ノ几月月月肸胶胶
			jiǎo	角	ノ夕夕角角角
			jiào	叫	丨口口叫叫

J

jī	机	一十十木机机	jié	结	乀乚纟纟纟结结结结
jí	吉	一十土吉吉吉	jié	节	一十艹节节
jǐ	几	ノ几	jiě	姐	乀女女姐姐姐姐
jǐ	己	乙コ己			

TABLE OF BRUSH STROKES

jiè	介 ノ 人 介 介		kè	客 丶 丶 宀 宀 ゥ 灾 安 客 客
jīn	今 ノ 人 仒 今		kè	刻 丶 亠 ㇀ 歺 亥 亥 刻
jìn	进 一 二 丰 井 ㇀井 讲 进			
jīng	经 ㄥ ㄠ 纟 纪 纪 经 经 经		kōng	空 丶 丶 宀 宀 穴 灾 穴 空
jǐng	警 一 艹 艹 艹 艿 芍 苟 敬 敬 敬 警 警 警 警		kǒu	口 丨 冂 口
jiǔ	九 ノ 九		kù	裤 丶 ㇀ 衤 衤 衤 衤 衤 衤 裤 裤 裤
jiǔ	久 ノ 夕 久		kuài	快 丶 丶 忄 忄 忄 快 快
jiù	就 丶 二 六 亩 亩 京 京 京 就 就		kuài	块 一 ㇀ 土 圠 圠 块 块
jú	局 ㇆ ㇆ 尸 月 局 局 局		**L**	
jūn	军 丶 冖 冖 至 军		là	辣 丶 ㇀ 立 立 辛 辛 辣 辣
K			lái	来 一 一 ㇁ 卫 平 来 来
kāi	开 一 二 于 开		lán	蓝 一 艹 艹 艹 艹 萨 萨 萨 蓝 蓝
kàn	看 一 二 三 手 ㇃ 看 看 看 看		lán	兰 丶 丷 兰 兰 兰
kāng	康 丶 亠 广 庐 庐 户 庐 康 康 康		láo	劳 一 艹 艹 艹 艹 苄 劳
kě	可 一 丆 币 可 可		lǎo	老 一 ㇀ 土 耂 耂 老
kè	课 丶 讠 讠 诃 诃 诃 课 课 课		lè	了 乛 了
			lè	乐 一 ㇀ 乐 乐 乐

128

笔顺表

拼音	字	笔顺	拼音	字	笔顺
lěng	冷	丶冫冫冷冷冷	lóu	楼	一十才才木木机杪杪桄桄楼楼
lǐ	里	丨口日日甲甲里	lǜ	绿	乙乡纟纟纟纠纟纡绿绿
lǐ	礼	丶ⅰ衤礻礼	lǜ	律	丿彳彳彳律律律
lǐ	理	一二干王刊珂珂珃理理	luó	罗	丨口四四罒罗罗
lǐ	李	一十木木本李李			
lì	丽	一丅丌丌而丽丽	**M**		
lì	历	一厂厅历	ma	吗	丨口口吖吗吗
liáng	凉	丶冫广广产疗凉凉凉	mā	妈	乚乂女妇妈妈
			mǎ	马	㇜马马
liǎng	两	一丅冂丙丙两两	mǎ	码	一丆ナ石石石码码
liào	料	丶丷米米料料	mǎi	买	一丆乛买买
lín	林	一十才木木村材林	mài	卖	一十土士走卖卖
líng	零	一一一一一零零零零	máng	忙	丶丶忄忄忙忙
liú	留	丶丿𠃌卬卯卯留留留	mào	貌	丶丶𠂉豸豸豸豸豹貌貌
liù	六	丶一六六	mào	冒	丨口冃冃冒冒冒冒
lóng	隆	㇇阝阝阝阝阝阝降隆隆	me	么	丿㇇么

129

Table of Brush Strokes

méi	没 `丶丶氵氿泛没`	nà	那 `𠃌 ⼹ ⺕ 𠩺 那那`
méi	玫 `一二千王玗玕玫`	ne	呢 `丶口口叩叩呢`
měi	每 `丿𠂉𠂉⺟每每`	néng	能 `⺍厶广肻肻肻能能能`
měi	美 `丶丷䒑䒑䒑䒑羊美`	nǐ	你 `丿亻亻㐅㐅你你`
mèi	妹 `乚𡿨女女妇妹妹妹`	nián	年 `丿亠𠂉𠂉年年`
men	们 `丿亻们们`	niàn	念 `丿八人今今念念`
mén	门 `丶门门`	niǎo	鸟 `丿⺈⺈鸟鸟`
mì	秘 `丿二千禾禾禾秘秘秘`	nín	您 `丿亻亻㐅㐅你您您您您`
miàn	面 `一丆丆丌而而面面`	nóng	农 `丶一宀农农农`
mǐn	敏 `丿𠂉𠂉⺟每每敏敏敏`	nǚ	女 `乚𡿨女`
míng	明 `丨冂日日旫明明`	nuǎn	暖 `丨冂日日旫旫旫暖暖`
míng	名 `丿夕夕夕名名`		
mò	末 `一二十才末`	**P**	
mù	木 `一十才木`	pái	排 `一十才扌扌扌排排排排`
N		péng	朋 `丿月月月朋朋朋`
nǎ	哪 `丶口口叩叩叩哪哪`	piàn	片 `丿丿丿丿片`

130

笔顺表

拼音	字	笔顺	拼音	字	笔顺
pián	便	ノ亻亻signals亻伂便便	qù	去	一十土去去
pō	坡	一十土 圹圹坡坡	qún	裙	丶ノ衤衤衤衤祀祀裙裙

Q

qī	七	一七
qī	期	一十甘甘其其期期期期
qǐ	起	一十土卡走走起起起
qì	气	ノ一气气
qiān	千	ノ二千
qián	钱	ノ仁钅钅钅钱钱钱
qiǎn	浅	丶冫氵汒沣浅浅
qīng	青	一二丰圭青青青
qíng	晴	丨日日日晴晴晴晴
qǐng	请	丶讠讠讠讠讠请请请请
qìng	庆	丶一广庐庆
qiū	秋	ノ二千禾禾秋秋

R

rán	然	ノクタタ夕外然然然然然然
rè	热	一十扌扌扎执热热热
rén	人	ノ人
rèn	认	丶讠认认
rì	日	丨冂冂日
ròu	肉	丨冂冂内内肉

S

sān	三	一二三
sè	塞	丶丶宀宀宝宝宝寒寒塞
sè	色	ノクタ 各各色
sēn	森	一十木木木森森森森森森
shān	山	丨山山

131

TABLE OF BRUSH STROKES

shàng	上 丨 卜 上	shuǎ	耍 一 丆 厃 丙 丙 而 耍 耍
shāo	烧 丶 丶 火 火 火 灼 炸 烧	shuǎng	双 フ 又 汉 双
shǎo	少 丨 小 小 少	shuǎng	爽 一 丆 ア 厂 厂 厂 厂 爽 爽
shào	绍 乙 乡 乡 纟 纠 纠 绍 绍	shuí	谁 丶 讠 计 讠 计 讠 讠 谁 谁 谁
shén	什 丿 亻 亻 什	shuǐ	水 丨 刁 水 水
shēng	生 丿 亠 匚 牛 生	shuì	睡 丨 冂 冂 目 目 旷 眕 眕 眕 睡 睡
shī	师 丨 丿 广 厂 师 师	shuō	说 丶 讠 讠 讠 讠 说 说
shí	十 一 十	sī	司 丁 刁 司 司 司
shí	时 丨 冂 月 日 旷 时 时	sī	斯 一 十 卄 其 其 其 其 斯 斯 斯
shí	识 丶 讠 讠 识 识 识 识	sì	四 丨 冂 四 四 四
shì	士 一 十 士	sòng	送 丶 丷 丷 兰 关 关 送 送 送
shì	是 丨 冂 冃 日 旦 旦 早 是 是	suì	岁 丨 山 山 屮 岁 岁
shì	事 一 丆 亓 亓 亓 写 写 事		
shǒu	手 丿 二 三 手	**T**	
shū	书 乛 乛 书 书	tā	他 丿 亻 亻 仲 他
shū	舒 丿 丿 𠂉 𠂉 𠂉 舍 舍 舍 舒 舒 舒	tā	她 乚 乂 女 如 如 她
shǔ	数 丶 丷 丷 卄 卄 丵 丵 类 数 数 数 数		

132

笔顺表

tài	太 一ナ大太	wàng	望 丶亠亡切切切望望望望
tāng	汤 丶丶氵汒汤汤	wéi	为 丶丿为为
tiān	天 一二天天	wèi	卫 フア卫
tīng	听 丨口口口叮听听	wèi	位 丿亻亻仁仵位位
tíng	庭 丶亠广广庄庭庭庭	wèi	胃 丨口曰田田胃胃胃
tōng	通 フマア甬甬甬通通通	wēn	温 丶氵氵冫泪温温温温
tóng	同 丨冂冂同同同	wén	文 丶亠ナ文
tòng	痛 丶亠广广疒疒疖痛痛痛	wèn	问 丶丨门问问问
tóu	头 丶丶二头头	wǒ	我 丶一二才手我我
tú	屠 フコ尸尸尸居屠屠屠屠	wǔ	五 一丁五五
		wǔ	午 丿一二午

X

		xī	西 一一丙丙西西
W		xī	希 丿乂乂产产希希
wán	玩 一二三王王珏玩玩	xí	习 フ习习
wǎn	晚 丨冂日日日的旷旷晚晚晚	xì	系 丿一至玄丢系系
		xià	下 一丁下
wàn	万 一丁万	xià	夏 一一一一厂厂百百夏夏夏
wáng	王 一二干王		

TABLE OF BRUSH STROKES

xiān	先	ノ 一 中 虫 先 先	xué	学	丶 丷 丷 ⺌ 兴 学 学
xiān	仙	ノ 亻 仁 仙 仙			
xiàn	现	一 二 干 王 珂 玑 现	**Y**		
			ya	呀	丨 口 口 吖 吓 呀 呀
xiǎng	想	一 十 オ 木 机 机 相 相 相 想 想 想	yán	颜	丶 亠 寸 立 产 产 颜 产 产 产 庐 新 颜 颜
xiāo	消	丶 冫 氵 沪 沪 沙 沙 消 消 消	yán	言	丶 一 亠 亠 言 言 言
xiǎo	小	亅 小 小	yàn	宴	丶 冖 宀 宀 宀 宴 宴 宴 宴
xiào	校	一 十 オ 木 木 杧 杧 栌 栌 校	yáng	羊	丶 丷 丷 兰 兰 羊
xiē	些	丨 ト 止 止 此 此 些	yáng	阳	⻖ 阝 阳 阳 阳 阳
xié	鞋	一 十 廾 廿 廿 苎 苴 苴 革 革 革 鞋 鞋 鞋 鞋 鞋 鞋	yàng	样	一 十 オ 木 木 杧 栏 栏 样
xiě	写	丶 冖 冖 写 写	yāo	妖	乚 乆 女 女 妖 妖 妖
xiè	谢	丶 讠 讠 讠 讠 训 讷 谢 谢 谢 谢 谢	yào	要	一 亠 亜 西 西 要 要 要
xīn	新	丶 亠 亠 立 辛 新 辛 亲 新 新 新	yě	也	也 冂 力 也
			yī	一	一
			yī	衣	丶 亠 广 才 衤 衣
xīng	星	丨 口 日 日 旦 旱 星 星	yī	医	一 丆 匚 匸 医 医 医
xíng	行	ノ 夕 亻 彳 行 行	yí	宜	丶 冖 宀 宁 宁 宜 宜 宜
xuǎn	选	ノ 一 中 止 先 先 选 选	yí	疑	丶 匕 乚 ヒ 上 矣 矣 疑 疑 疑 疑 疑 疑

笔顺表

yǐ	已 ㄱㄱ已		yuè	月 丿冂月月
yì	议 丶讠议议		yún	云 一二云云
yīn	因 丨冂月冈因			
yín	银 丿𠂉钅钅钅钅钅钅银银	**Z**		
			zài	在 一ナナ在在在
yíng	迎 丿𠂊𠂊印印迎迎		zài	再 一冂冂冂再再
yòng	用 丿冂月月用		zǎo	早 丨口日旦早
yóu	游 丶丶氵氵汸汸汸游游游		zěn	怎 丿𠂉𠂉作怎怎怎
yóu	邮 丨冂日由由邮邮		zhāng	张 ㄱㄋ弓弓'弘张张
yǒu	友 一ナ方友		zhǎo	找 一丨扌扌找找找
yǒu	有 一ナ𠂇冇有有		zhè	这 丶亠亍文这这这
yǔ	雨 一冂冂而雨雨雨雨		zhēn	真 一十广𣥂真真真
yǔ	语 丶讠讠讠语语语语		zhèng	正 一丅下正正
yù	玉 一二干王玉		zhèng	政 一丅下正正正政政
yuán	圆 丨冂冂冂冂冂圆圆圆		zhī	枝 一十才木杧杧枝
yuán	元 一二テ元		zhī	知 丿𠂉𠂉𠂉矢知知
yuán	员 丶口口员员员		zhí	值 丿亻亻亻亻佔佔值值
yuàn	院 丿阝阝阝阝阝院院			

135

TABLE OF BRUSH STROKES

zhí	职	一丆冂月月耳耶耴职职职
zhǐ	只	丶口口尸只
zhōng	中	丨口口中
zhōu	粥	㇇ㄱ弓子弘弘粥粥粥粥粥
zhù	住	ノ亻亻𠂉伫住住
zhù	祝	丶ラ才礻礻祀祝
zī	资	丶ㄧㄚ广次次资资资
zǐ	子	㇇了子
zǐ	紫	丨卜此此此紫紫紫紫紫
zì	字	丶丷宀宀宁字
zì	自	ノ亻冂自自自
zǒng	总	丶丷丷兯总总总
zuó	昨	丨冂月日日'昨昨昨
zuò	作	ノ亻亻𠂉竹作作
zuò	坐	ノ人从从坐坐坐
zuò	做	ノ亻亻伫伫佔做做做

136

答案
dá'àn
Answers

> 练习二

1. 形声：妈、园、爸
   会意：明、信、尖
   指事：三、上、血
   象形：山、月、人

2. a. 丶
   b. 一
   c. 丨
   d. 丿
   e. 乀
   f. ㇒
   g. 亅
   h. 𠃍

3. a. 八、人
   b. 小、水
   c. 医、勾、句、月
   d. 日、圆、国、园
   e. 蓝、您、青、爸、三
   f. 叫、休、你、动、和

4. a. 好、知、妈
   b. 人、母、十

5. a. 2
   b. 3
   c. 8
   d. 7
   e. 8
   f. 6
   g. 3
   h. 2
   i. 11
   j. 3

> 练习三

2. a. dìdi
   b. péngyǒu
   c. jiějie
   d. bàba
   e. gēge
   f. wǒ
   g. tā
   h. nǐ
   i. shì
   j. nà

3. a. his sister
   b. your brother
   c. Ali's mother
   d. our brother
   e. your sister
   f. their father
   g. my friend
   h. her sister

ANSWERS

4. 妈妈、哥哥、弟弟、妹妹、他们、家人

5. a. 这是我的姐姐。
   b. 那是你的哥哥。
   c. 这是他是妈妈。
   d. 那是他的妹妹。
   e. 这是我的弟弟。

练习四

1. a. tóngxué men
   b. lǎoshī
   c. dàjiā hǎo
   d. nínhǎo
   e. zǎoshàng hǎo
   f. wǎn'ān
   g. zàijiàn

2. a. mèimei
   b. bàba
   c. zǎoshàng
   d. nǐ hǎo
   e. nín
   f. xiàwǔ

3. 你好吗
   你呢
   也
   好，我不忙
   妈妈
   他们，很好

4. a. 爸爸，再见。
   b. 小丽，早上好。
   c. 老师，您好。
   d. 阿里，晚安。

5. i. a. 老师，再见。
      b. 同学们，再见。
      c. 哥哥，再见。

   ii. a. 阿里，早上好。
       b. 爸爸，下午好。
       c. 小丽，晚安。
       d. 妈妈，您好。
       e. 姐姐，你好。
       f. 老师，早安。

6. a. 你好
   b. 我很好
   c. 老师，您好
   d. 再见
   e. 晚安
   f. 我不忙/我很忙
   g. 他很好
   h. 他们都很好

7. a. 早上好
   b. 你忙吗？
   c. 你忙吗？
   d. 你好
   e. 你好吗
   f. 中午好
   g. 你的妈妈好吗，你的妈妈呢

答案

> 练习五

1. a. duìbùqǐ
   b. xièxie nǐ
   c. nǐ hǎo
   d. qǐng wèn
   e. jìn
   f. zuò
   g. biékèqì
   h. méiguānxì
   i. hēchá
   j. chī

2. a. 没关系
   b. 别客气
   c. 你好
   d. 谢谢
   e. 谢谢
   f. 谢谢
   g. 谢谢
   h. 是的，你好
   i. 不是，没关系

3. a. 请进，谢谢。
   b. 请坐，谢谢。
   c. 请喝茶，谢谢。
   d. 请吃吧，谢谢。

4. a. A:请坐。
      B:谢谢。
   b. A:对不起。
      B:没关系。
   c. A:请喝茶。
      B:谢谢。
   d. A:请吃吧。
      B:谢谢。
   e. A:请等一下。
      B:好。

5. a. 谢谢
   b. 请进
   c. 对不起
   d. 没关系
   e. 请等一下
   f. 请坐
   g. 请喝茶
   h. 马末在家吗？
   i. 我明天再来
   j. 你是阿里吗？
   k. 你是阿里的妈妈吗？
   l. 欢迎
   m. 好的
   n. 请吃吧
   o. 再见

> 练习六

1. a. jǐngchá
   b. xuéshēng
   c. yóuchāi
   d. míngzi
   e. jiàoshī
   f. gōngzuò
   g. lùshī
   i. jīnglǐ
   j. dìfāng
   k. yīshēng

2. 银行、学校、新加坡、马六甲、邮政局、吉隆坡、警察局、大学、公司

139

ANSWERS

3. a. lecturer
   b. lawyer
   c. university
   d. secretary
   e. Kuala Lumpur
   f. Fireman

4. a. 我的姐姐是护士。
   b. 小丽的哥哥是律师。
   c. 爸爸的朋友是军人。
   d. 阿里的哥哥是警察。
   e. 他是农夫。

5. a. a. 我是老师。
      b. 我是学生。
      c. 我是医生。
      d. 我是邮差。
      e. 我是警察。
      f. 我是军人。
      g. 我是消防员。
      h. 我是秘书。
      i. 我是护士。
      j. 我是经理。

   b. a. 我在医院工作。
      b. 我在学校工作。
      c. 我在公司工作。
      d. 我在银行工作。
      e. 我在邮政局工作。

6. a. 我叫阿里，是一位律师。我在律师楼工作。
   b. 我叫小丽，是一位老师。我在学校工作。

   c. 我叫莉敏，是一位护士。我在医院工作。
   d. 我叫哈山，是一位经理。我在公司工作。
   e. 我叫小梅，是一位秘书。我在公司工作。

　练习七

1. qī、wàn、sān、qiān、yī、bǎi、sì、shí、líng、jiǔ、liù、liǎng、èr、wǔ、bā

4. a. 十
   b. 四十七
   c. 一百二十三
   d. 一百零五
   e. 五百六十一
   f. 八百零五
   g. 九千两百四十六
   h. 三千零五十三
   i. 七千六百十四
   j. 六十五千零八十七
      六万五千零八十七
   k. 一万四百九十，
      十千四百九十
   l. 九万九千一百零九
      九十九千一百零九
   m. 三十五千一百六十七
      三万五千一百六十七
   n. 五十一万四千，
      五百十四千
   o. 两百七十三千六百六十四，
      二十七万三千六百六十四

p. 三百千，三十万

5.
a. 279
b. 802
c. 7481
d. 53,046
e. 9113
f. 40,850
g. 10,020
h. 20,594
i. 63,222
j. 21,798
k. 33,333
l. 907
m. 36
n. 420
o. 6185
p. 70,004
q. 1711
r. 23,587

6.
a. 九、十
b. 百
c. 百、一
d. 千、百、十
e. 两、三百、十
f. 万、零
g. 千、百

练习八

1.
a. míngzi
b. jǐ suì
c. jiéhūn
d. zhù
e. shuí
f. nǚ'er
g. èrzi
h. háizi
i. niàn shū
j. jīn nián
k. qǐng wèn
l. duō dà
m. náli
n. shénme

2.
a. What is your name?
b. May I know your age?
c. How old is your daughter?
d. Where do you stay?
e. Are you married?
f. What is your job?
g. Where do you work?

4.
a. 吉隆坡
b. 哈山的爸爸、妈妈
c. 结婚了
d. 十六岁

5.
a. 十九岁
b. 吉隆坡
c. 是的
d. 不是，是吉隆坡
d. 医生
e. 医院
f. 三个
g. 是的

6. 木都、二十七岁、医生、医院、结婚了、太太、秘书、银行、孩子、吉隆坡

> 练习九

1. a. 早上八点半 / 八点三十分
   b. 早上九点四十五分/九点三刻
   c. 中午十二点
   d. 下午两点十六分
   e. 下午三点二十七分
   f. 下午四点五十二分
   g. 晚上七点十五分
   h. 晚上十一点三十四分
   i. 早上一点十分
   j. 早上两点零七分
   k. 星期一早上九点
   l. 星期三中午十二点四十五分 / 十二点三刻
   m. 星期五早上六点三十五分
   n. 星期六下午五点零四分
   o. 星期日下午四点五十分
   p. 下个星期二早上八点二十分
   q. 上个星期四晚上十点十分
   r. 这个星期六早上五点二十五分
   s. 下个星期一下午六点十九分
   t. 这个星期五下午三点零八分

2. a. 妈妈明天下午两点出去。
   b. 李先生今天中午十二点十五分有空。
   c. 阿里昨天早上七点半上课。
   d. 他上个星期六晚上十一点十分回来。
   e. 王经理下个星期三下午三点二十分开会。

3. a. 现在几点？
   b. 你们什么时候有空？
   c. 你什么时候上课？
   d. 你几点要到吉隆坡去？
   e. 罗斯兰经理什么时候回来？
   f. 罗斯兰经理什么时候开会？
   g. 罗斯兰经理几点出去
   h. 你明天几点出去？
   i. 你什么时候回来？
   j. 你明天几点有空？

4. a. 早上九点四十三分，中午十二点零九分
   b. 早上六点四十五分，早上十点三十分，下午两点十五分
   c. 下午五点，早上九点半，中午十二点三十分，中午十二点，下午四点半

5. a. ✗
   b. ✓

答案

c. ✓
d. ✓
e. ✗

5. a. ✗
   b. ✗
   c. ✓
   d. ✓
   e. ✓

练习十

2. a. 这件裙子五十元
   b. 三本书四十六元
   c. 一张桌子三十七元五角
   d. 四十枝胡姬花三十二元
   e. 二十枝玫瑰花二十元

3. a. 玫瑰花一枝多少钱？
   b. 这张桌子多少钱？
   c. 全 部多少钱？
   d. 这把尺多少钱？
   e. 这件裙子多少钱？
   f. 这五本书一共多少钱？
   g. 你的笔多少钱？ 你的笔呢？
   h. 你买的玫瑰花 一枝多少钱？你买的玫瑰花呢？

4. a. 一百五十元
   b. 六十九元四角
   c. 一元五角
   d. 九角
   e. 两千九百九十九元
   f. 八十八元九角
   g. 三十五分
   h. 三零吉五十仙
   i. 两零吉七十仙
   j. 一零吉九十仙

6. Young lady: How much for one rose?
   Shopkeeper: Three ringgit for one.
   Young lady: That's expensive! Make it cheaper.
   Shopkeeper: Okay. Two ringgit and ninety cents.
   Young lady: Go lower some more.
   Shopkeeper: It is very cheap.
   Young lady: How about two ringgit and fifty cent?
   Shopkeeper: Okay then.

练习十一

1. a. qùnián
   b. jīnnián
   c. míngnián
   d. jīntiān
   e. zuótiān
   f. míngtiān
   g. bāyuè
   h. yuè
   i. zhè gè yuè
   j. shàng gè yuè
   k. xīngqīyī
   l. xīngqī
   m. shàng gè xīngqī
   n. xià gè xīngqī
   o. zhè gè xīngqī

ANSWERS

2.
1. 一月
2. 二月
3. 三月
4. 四月
5. 五月
6. 六月
7. 七月
8. 八月
9. 九月
10. 十月
11. 十一月
12. 十二月
13. 星期一
14. 星期二
15. 星期三
16. 星期四
17. 星期五
18. 星期六
19. 星期日
20. 昨天
21. 今天
22. 明天
23. 去年
24. 今年
25. 明年
26. 上个星期
27. 这个星期
28. 下个星期

3.
a. ✓
b. ✗，星期五
c. ✗，一九八九年
d. ✓
e. ✓
f. ✗，劳动节
g. ✓
h. ✓
i. ✓
j. ✓
k. ✗，一九七六年十月一日

4.
b. 星期四
c. 十二月
d. 二月
e. 一八四三年
f. 星期一
g. 星期五
h. 八月
i. 星期六
j. 二零零一年
k. 一九九八年
l. 一九六七年
m. 一五六三年
n. 一七七九年

5.
a. ✗
b. ✗
c. ✓
d. ✓

6.
a. ✓
b. ✗
c. ✓
d. ✗
e. ✗

7.
a. ✗
b. ✓
c. ✓
d. ✓

答案

e. ✓

<u>练习十二</u>

1. a. 今天天气很凉爽。
   b. 今天天气很温暖。
   c. 今天天气很冷。
   d. 今天天气很热。
   e. 今天天气很好。

2. a. sunny
   b. rainy
   c. cold
   d. hot
   e. warm and nice
   f. cool and nice
   g. tropics
   h. spring
   i. summer
   j. autumn
   k. winter
   l. full
   m. appetite
   n. sky
   o. daytime
   p. cloud
   q. sun
   r. thing
   s. recently
   t. (sun) set

3. a. 热带
   b. 下雨
   c. 热
   d. 春天
   e. 凉爽

4. 吃饱
   还、最近、热、胃口
   一个月、下雨
   白天、一片、云、也
   下山、天气、凉爽
   喝水、生病

5. a. 明天
   b. 风
   c. 热带
   d. 很好
   e. 阿里
   f. 喝茶
   g. 一百
   h. 八元

<u>练习十三</u>

1. a. hóng
   b. lán
   c. huī
   d. qīng
   e. huáng
   f. bái
   g. hēi
   h. zǐ
   i. chéng
   j. fěnhóng
   k. hè
   l. qiǎnqīng
   m. mǎi
   n. shuāng
   o. yīfú
   p. qúnzi
   q. xīnnián
   r. xiézi

145

ANSWERS

    s. xīnyī
    t. qiǎnlán

2. a. 红
   b. 橙
   c. 黄
   d. 绿
   e. 蓝
   f. 紫
   g. 白
   h. 黑
   i. 褐
   j. 粉红
   k. 浅青
   l. 灰

3. a. skirt
   b. cloth
   c. New Year
   d. shoes
   e. wear
   f. buy
   g. nature
   h. play
   i. sing
   j. a painting
   k. field
   l. pants
   m. little bird
   n. green
   o. look

4. 新年、妹妹、黑色、过年、衣服、红色、白色

5. a. 蓝色
   b. 白色
   c. 绿色、青色
   d. 灰色
   e. 黑色
   f. 黄色

练习十四

1. a. chī
   b. fàn
   c. zhōu
   d. miàn
   e. ròu
   f. cài
   g. chǎofàn
   h. hē
   i. bǎo
   j. shuǐ
   k. là
   l. guānxì
   m. cān
   n. xǐhuān
   o. è

2. a. breakfast
   b. lunch
   c. dinner
   d. Chinese food
   e. Western food
   f. Malay food
   g. rice
   h. porridge
   i. noodle
   j. meat
   k. soup
   l. vegetable

m. fried rice
　　n. drink water
　　o. spicy

3. a. 我想吃饭。
   b. 我想吃粥。
   c. 我想喝汤。
   d. 我想喝水。
   e. 我想吃中餐。
   f. 我想吃炒面。

4. a. 我很饿 / 不，我还饱。
   b. 我想吃饭 / etc.
   c. 没关系。
   d. 没关系，我喜欢吃辣。
   e. 要 / 不要。

5. a. 我喜欢吃饭，也喜欢吃面。
   b. 他要吃肉，也要吃菜。
   c. 他喜欢吃肉，不喜欢吃菜。
   d. 我不想吃东西，只想喝水。
   e. 我不想吃饭，只想喝汤。
   f. 马末喜欢吃马来餐，也喜欢吃西餐。
   g. 小丽要吃面，小梅也要吃面。
   h. 我不要吃早餐，我只要吃午餐。
   i. 妹妹不要吃饭，也不要喝汤。

> 练习十五

1. a. come again
   b. handphone number
   c. fax
   d. post to
   e. very late
   f. come home
   g. eat dinner
   h. look for you
   i. or
   j. wait for me

2. a. 请你等我
   b. 请回电
   c. 有事请留言
   d. 我很快就回来
   e. 我可能很迟才回家
   f. 先睡吧
   g. 我会再来找你
   h. 我来找你
   i. 我不回来吃晚餐
   j. 今晚七点半

3. a. 十月十四日早上十点
   b. 她不在家
   c. 明天早上八点/十月十五日早上八点

4. a. 王经理
   b. 上海公司经理李先生
   c. 不是

5. a. 他有事出去

ANSWERS

    b. 五月二十六日中午十二点
    c. 很快就回来

6. a. 哈山
   b. 2943838
   c. 吉隆坡

7. a. 小梅
   b. 公司有晚宴
   c. 他可能很迟才回家

About the authors

Ang Lay Hoon is head of the Foreign Language Department at Universiti Putra Malaysia. With 12 years' experience in the teaching of Mandarin as a second language, she has been lecturing Chinese-language courses at the university since 1995. She specialises in the teaching of Mandarin to non-Chinese speaking adult professionals in law, business, management, banking, education and information technology. She designs Chinese-language curriculum at all levels. Apart from these she has done some research on the teaching Mandarin as a second language learning, translation from Malay/English to Mandarin and Chinese sociolinguistics.

Ooi Bee Lee teaches Mandarin as a second language at the Faculty of Modern Languages and Communication in Universiti Putra Malaysia, specialising in Chinese language and computer technology in language learning.

OTHER BOOKS IN THE SERIES

Chinese for Everyone
Chinese for Social Interaction in 40 Lessons
Jin Nailu, Song Yankun & Hao Jie

This book is a specially designed teach-yourself proficiency programme aimed at those seeking a concise introduction to the Chinese Language. It caters for both native and non-native speakers of English with practically no background in Chinese, thus making it uniquely bilingual. Written in a highly readable style, this guide should be suitable for anyone aspiring to learn the Chinese language quickly amidst the various time constraints of today's fast-paced world.

1996: 478pp (Sc) 967-978-574-2

Filipino for Everyone
Paquito B. Badayos

This book is a specially designed user-friendly book. It aims to give the learner the necessary language skills needed to survive in situations in which Filipino must be used. In the process of learning the language, students also learn about Filipino culture - the psychology, beliefs, customs and traditions of Filipinos. The book, therefore, may be said to be an introduction not only to the Filipino language but also to the Filipino people.

1995: 298pp (Sc) 967-978-542-4

Malay for Everyone
Othman Sulaiman

This book is specially written for English-speaking learners who wish to pick up the Malay language in the shortest possible time, and in the privacy and comfort of their homes and at their own leisure.

Anyone with a basic knowledge of English can easily follow the course. It is a practical course book explained in simple language.

2000: 308pp (Sc) 967-978-322-7

Japanese for Everyone
M. Rajendran

This book is compiled to meet the lack of Japanese grammar and conversation books in Malay. In order to cater for those who do not have a working knowledge of Malay, the author has included English as an additional medium, thus making this book a trilingual. The book is intended to offer an all round course for beginners who are keen in acquiring a basic knowledge of Japanese grammar and spoken Japanese. Romanized spelling is used in the book.

1985: 222pp (Sc) 967-978-074-0

Vietnamese for Everyone
Mai Ngoc Chu and Vo Thi Thu Nguyet

This is a comprehensive and definitive guide to the Vietnamese language. It has a thorough chapter on pronounciation giving the English equivalents. The examples, model sentences and conversation exercises are simple and yet give an insight into the culture and life of the Vietnamese folks.It is particularly suitable for students, businessmen, diplomats and even travellers who wish to acquire proficient knowledge of the language to communicate their ideas and wishes effectively.

1995: 214pp (Sc) 967-978-547-5

Chinese Conversation Made Easy
This book is an oral primer specially prepared for the overseas Chinese, Chinese with foreign nationality and foreigners to learn the Chinese language in a short-term class or as a teach-yourself book. Each lesson in the book provide a conversation with true life situations to meet the social needs of overseas Chinese and foreigners. The speech materials are taken from daily life, and great attention is put to practical applications.

2000: 236pp (Sc) 967-978-722-2

English for Everyone
Mastering English at your Own Pace and Time

J.S. Solomon and Chuah Ai Bee

Designed to satisfy the needs of the mature student or user of the English language who desires to improve his English and acquire mastery over the language. Every aspect of the English language has been dealt with at length. Examples and exercises are provided to ensure that the student has the requisite drill and practice essential to mastering the language.

1992: 186pp (Sc) 967-978-389-8

Mastering English the Easy Way
A Complete Teach-Yourself Course

Milon Nandy

This book makes the study of English grammar accessible; not only does it offer clear explanations and examples, but also ample exercise to hone one's understanding. A practical guide for those who use English as their mother-tongue as well as for those who have adopted it as a second language. Whether your interest lies in the spoken word or written English, this guide is here to help you communicate with greater ease and confidence.

2002: 312pp (Sc) 967-978-823-7

English Grammar for Everyone

Milon Nandy

This book is a self-study guide for those with a desire to improve their command of English. Written with the needs of learners in mind, its aim is to provide them with a more practical guide to the most fundamental aspect of the language. Coupled with various forms of exercises for the purpose of reinforcement, this book serves as a handy companion for teachers and lecturers and a must-have for both students and adult learners of English as a second or foreign language.

1999: 324pp (Sc) 967-978-694-3

English Essentials the Easy Way
The Rules of How and When to Use Words and Phrases

Milon Nandy

A simple guide through the minefield of English grammar and semantics, the main thrust of this book is to help you improve your English and enable you to communicate with ease and confidence. Basic grammar, though an essential prerequisite to the learning of English, is often taken for granted and left half understood. And the only way to master English is to build a solid grounding in basic grammar and to use it to communicate as frequently as possible. Proper use of this guide should enable any person with a reasonable grasp of English to enhance his ability to communicate in the language correctly through speech and writing.

2002: 216pp (Sc) 967-978-822-9